PROBLEMAS RESUELTOS

DE

DIRECCIÓN DE OPERACIONES

Federico Garriga Garzón

Problemas resueltos de dirección de operaciones

1a Edición: ©2013 OmniaScience (Omnia Publisher SL)

© Federico Garriga Garzón, 2013

DOI: http://dx.doi.org/10.3926/oss.13

ISBN: 978-84-941872-1-6

DL: B-20384-2013

Diseño cubierta: OmniaScience

Imagen cubierta: © Federico Garriga - OmniaScience

Índice

Presentación

La finalidad del presente libro de problemas resueltos de dirección de operaciones es eminentemente didáctica, justificándose su publicación únicamente por razones pedagógicas.

Ha sido planificado para su utilización por personas con conocimientos de dirección de operaciones, esencialmente para facilitar el aprendizaje de los procedimientos de resolución de problemas de dirección de operaciones a los estudiantes de dicha materia en las diversas Facultades y Escuelas Técnicas en las que se imparte.

El libro consta de cincuenta y cuatro ejercicios agrupados en siete capítulos que abarcan temas de dirección de operaciones que van desde al análisis de inversiones hasta la planificación de necesidades de materiales, pasando por la distribución en planta y la gestión de inventarios, entre otros. Los ejercicios, si bien están agrupados por temas, no están ordenados por nivel de dificultad dentro de cada tema, compatibilizándose ejercicios sencillos con ejercicios complejos con la finalidad de hacer más ameno el trabajo al estudiante incrementando así su interés por el estudio de la dirección de operaciones.

El enfoque de la publicación es marcadamente práctico, tratando de que no sea únicamente un libro de ejercicios resueltos para estudiantes, sino que se convierta en fuente de información y en una metodología para la resolución de problemas de dirección de operaciones, de interés no solo para estudiantes sino también para profesionales que lleven a cabo actividades de organización de las operaciones en el ámbito de las empresas tanto públicas como privadas.

Capítulo 1: Capacidad

Ejercicio 1

Una empresa trabaja diariamente en dos turnos de ocho horas cada turno, a lo largo de cinco días a la semana. Una sección de dicha empresa consta de cuatro máquinas que se utilizan el 70 % del tiempo con una eficiencia del sistema del 90 %. Determine el output de la sección por semana.

Solución:

$$2\,\frac{\text{turnos}}{\text{día}} \times 8\,\frac{\text{horas}}{\text{turno}} \times 5\,\frac{\text{días}}{\text{semana}} \times 4\text{ máquinas} \times 0,7 \times 0,9 = 201,6\,\frac{\text{horas}}{\text{semana}}$$

Ejercicio 2

La capacidad proyectada diaria de una sección de una empresa es de 100 unidades, siendo la capacidad efectiva diaria de la misma de 80 unidades y el output diario de dicha sección 60 unidades.

1. Calcule la utilización y la eficiencia de la sección.

2. Determine el output del próximo mes sabiendo que la eficiencia esperada es del 90 %.

Solución:

1. Calcule la utilización y la eficiencia de la sección.

$$\text{Utilización} = \frac{\text{Output real}}{\text{Capacidad de diseño}} = \frac{60}{100} \times 100 = 60\,\%$$

$$\text{Eficiencia} = \frac{\text{Output real}}{\text{Capacidad efectiva}} = \frac{60}{80} \times 100 = 75\,\%$$

2. Determine el output del próximo mes sabiendo que la eficiencia esperada es del 90 %.

$$\text{Eficiencia} = \frac{\text{Output real}}{\text{Capacidad efectiva}}$$

$$90\,\% = \frac{\text{Output real}}{80} \times 100 \quad \Rightarrow \quad \text{Output} = 72\,\frac{\text{unidades}}{\text{día}}$$

Ejercicio 3

Halle la tasa de producción máxima de una peluquería en la que trabaja diariamente 8 horas un único peluquero. En promedio el tiempo necesario para cortar, peinar, etc. a las señoras es de 25 minutos y a los caballeros 15 minutos, siendo el tiempo requerido para la preparación de cada cliente de 5 minutos. Se conoce que el 60 % de los clientes diarios de esta peluquería son caballeros.

Solución:

$$\text{Tasa de producción máxima} = \text{Capacidad} = \frac{\text{Disponibilidad}}{\text{Consumo promedio}}$$

$$\text{Consumo promedio} = \frac{t_{\text{preparación}}}{Q} + t_{\text{producción}}$$

$$\text{Consumo promedio señoras} = \frac{5}{1} + 25 = 30 \frac{\text{min utos}}{\text{señora}}$$

$$\text{Consumo promedio caballeros} = \frac{5}{1} + 15 = 20 \frac{\text{min utos}}{\text{caballero}}$$

$$\text{Consumo promedio} = \left(30 \frac{\text{min utos}}{\text{señora}} \times 40\% \text{ señoras}\right) + \left(20 \frac{\text{min utos}}{\text{caballero}} \times 60\% \text{ caballeros}\right) = 24 \frac{\text{min utos}}{\text{corte de pelo}}$$

$$\text{Capacidad} = \frac{8 \frac{\text{horas}}{\text{día}}}{24 \frac{\text{min utos}}{\text{corte de pelo}} \times \frac{1}{60} \frac{\text{hora}}{\text{min utos}}} = 20 \frac{\text{cortes de pelo}}{\text{día}}$$

Ejercicio 4

El gráfico muestra el proceso de fabricación de un producto a partir de dos componentes que se obtienen en las estaciones de trabajo A1 y A2. Dichos componentes son ensamblados en la estación B y posteriormente procesados en las estaciones C y D. Los tiempos de cada estación de trabajo indican la cantidad de trabajo que debe realizar el trabajador en dicha estación para cada unidad de producto. Calcule la capacidad de producción de dicho proceso.

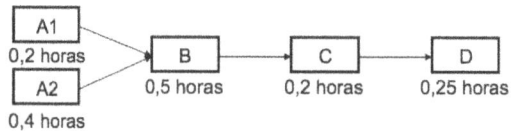

Solución:

Estación	Horas	Piezas/hora
A1	0,2	1/0,2=5
A2	0,4	1/0,4=2,5
B	0,5	1/0,5=2
C	0,2	1/0,2=5
D	0,25	1/0,25=4

Mínimo {5; 2,5; 2; 5; 4} = 2 ⇒ La estación cuello de botella es la B.

La capacidad de producción de este proceso es de 2 piezas cada hora.

Capítulo 2: Análisis de inversiones

Ejercicio 1

El coste unitario variable de fabricación de un producto es de 4 euros y el precio de venta unitario de 10 euros, siendo los costes fijos de la empresa de 150.000 euros y el volumen de producción de 25.000 unidades. La empresa puede modificar el equipo productivo, el coste fijo de la modificación asciende a 50.000 euros, incrementándose un cincuenta por ciento el coste variable unitario, por su parte, el volumen de producción asciende a 50.000 unidades mientras permanece invariable el precio de venta. Indique si la empresa debe o no modificar el equipo productivo.

Solución:

Beneficio = Ingresos – Gastos Fijos – Gastos Variables

- Beneficio con el equipo actual

$$(10 \times 30.000) - 150.000 - (4 \times 25.000) = 50.000 \text{ euros}$$

- Beneficio con el equipo modificado

$$(10 \times 50.000) - (150.000 + 50.000) - (6 \times 50.000) = 0 \text{ euros}$$

Beneficio con equipo actual > Beneficio con equipo modificado.

Conclusión: La empresa no debe pues comprar la nueva máquina.

Ejercicio 2

Los costes fijos y variables de dos procesos se muestran en la tabla.

	Proceso 1	Proceso 2
Coste fijo	1.500 euros	1.300 euros
Coste variable unitario	30 euros	40 euros

Determine a partir de que volumen de producción optaría por el proceso 1 para fabricar su producto.

Solución:

$$\text{Coste Total} = \text{Coste Fijo} + \text{Coste Variable}$$

$$\text{Coste Total del Proceso 1} = 1.500 + (30 \times n)$$

$$\text{Coste Total del Proceso 2} = 1.300 + (40 \times n)$$

$$\text{Coste Total del Proceso 1} < \text{Coste Total del Proceso 2}$$

$$1.500 + (30 \times n) < 1.300 + (40 \times n)$$

$$n > 20$$

Para un volumen de producción superior a 20 unidades elegiría el proceso 1 dado que el coste es inferior.

Gráficamente:

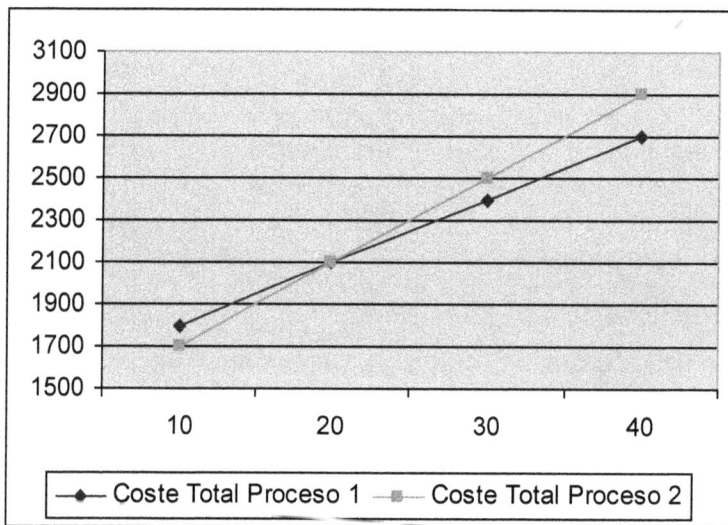

Ejercicio 3

Una empresa está estudiando si invierte en un proyecto que exige un desembolso inicial de 30.000 euros. En la tabla se muestran los flujos netos de caja al final de cada año.

Año 1	Año 2	Año 3	Año 4
5.000	15.000	- 5.000	25.000

La tasa de descuento se estima en un 8 % anual. Utilizando la técnica del Valor Actual Neto determine si resulta interesante para la empresa invertir en dicho proyecto en los siguientes casos:

1. El Director de la empresa no tiene donde invertir los flujos netos de caja positivos ni encuentra financiación para los negativos.

2. El Director de la empresa no tiene donde invertir los flujos netos de caja positivos, si bien a través de un amigo, consigue una entidad financiera que está dispuesta a financiarle los negativos a un coste del 6 %.

3. El Director de la empresa tiene previsto reinvertir inmediatamente los flujos netos de caja positivos a un tipo de interés del 2 % además de encontrar quien le financie los negativos a coste 0 %.

4. El Director de la empresa tiene previsto reinvertir inmediatamente los flujos netos de caja positivos a un tipo de interés del 3 % y financiar los negativos a un coste del 7 %.

5. Si en lugar de utilizar la técnica del Valor Actual Neto, el Director de la empresa hubiera estado dispuesto a tomar en consideración los resultados obtenidos por la técnica del plazo de recuperación, a qué conclusiones hubiera llegado. Utilice el plazo de recuperación con y sin descuento.

Solución:

1. El Director de la empresa no tiene donde invertir los flujos netos de caja positivos ni encuentra financiación para los negativos.

$$VF = 5.000 + 15.000 - 5.000 + 25.000 = 40.000$$

$$VAN = \frac{40.000}{(1 + 0,08)^4} - 30.000 = -598,81$$

VAN negativo $\Rightarrow$ No resulta interesante invertir en dicho proyecto.

2. El Director de la empresa no tiene donde invertir los flujos netos de caja positivos, si bien a través de un amigo, consigue una entidad financiera que está dispuesta a financiarle los negativos a un coste del 6 %.

$$VF = 5.000 + 15.000 - 5.000 \cdot (1 + 0,06)^1 + 25.000 = 39.700$$

$$VAN = \frac{39.700}{(1 + 0,08)^4} - 30.000 = -819,31$$

VAN negativo $\Rightarrow$ No resulta interesante invertir en dicho proyecto.

3. El Director de la empresa tiene previsto reinvertir inmediatamente los flujos netos de caja positivos a un tipo de interés del 2 % además de encontrar quien le financie los negativos a coste 0 %.

$$VF = 5.000 \cdot (1 + 0,02)^3 + 15.000 \cdot (1 + 0,02)^2 - 5.000 \cdot (1 + 0,00)^1 + 25.000 \cdot (1 + 0,02)^0 = 40.912,04$$

$$VAN = \frac{40.912,04}{(1 + 0,08)^4} - 30.000 = 71,57$$

VAN positivo $\Rightarrow$ Si resulta interesante invertir en dicho proyecto.

4. El Director de la empresa tiene previsto reinvertir inmediatamente los flujos netos de caja positivos a un tipo de interés del 3 % y financiar los negativos a un coste del 7 %.

$$VF = 5.000 \cdot (1 + 0,03)^3 + 15.000 \cdot (1 + 0,03)^2 - 5.000 \cdot (1 + 0,07)^1 + 25.000 \cdot (1 + 0,03)^0 = 41.027,135$$

$$VAN = \frac{41.027,135}{(1 + 0,08)^4} - 30.000 = 156,17$$

VAN positivo $\Rightarrow$ Si resulta interesante invertir en dicho proyecto.

5. Si en lugar de utilizar la técnica del Valor Actual Neto, el Director de la empresa hubiera estado dispuesto a tomar en consideración los resultados obtenidos por la técnica del plazo de recuperación, a qué conclusiones hubiera llegado. Utilice el plazo de recuperación con y sin descuento.

El desembolso inicial es de 30.000

- **Plazo de recuperación sin descuento**

Recupero en:	
1 año	5.000
2 años	5.000 + 15.000 = 20.000
3 años	5.000 + 15.000 − 5.000 = 15.000
4 años	5.000 + 15.000 − 5.000 + 25.000 = 40.000

El plazo de recuperación sin descuento es de 4 años.

- ## Plazo de recuperación con descuento

Recupero en:	
1 año	$$\frac{5.000}{(1 + 0,08)^1} = 4.629,63$$
2 años	$$\frac{5.000}{(1 + 0,08)^1} + \frac{15.000}{(1 + 0,08)^2} = 17.489,71$$
3 años	$$\frac{5.000}{(1 + 0,08)^1} + \frac{15.000}{(1 + 0,08)^2} + \frac{-5.000}{(1 + 0,08)^3} = 13.520,55$$
4 años	$$\frac{5.000}{(1 + 0,08)^1} + \frac{15.000}{(1 + 0,08)^2} + \frac{-5.000}{(1 + 0,08)^3} + \frac{25.000}{(1 + 0,08)^4} = 18.375,74$$

El plazo de recuperación con descuento es infinito.

Ejercicio 4

Una empresa se plantea la realización de dos proyectos cuyos flujos se muestran en la tabla.

	DI	Año 1		Año 2		Año 3	
		Cobro	Pago	Cobro	Pago	Cobro	Pago
A	1.500	1.000	500	1.000	500	1.000	250
B	1.500	500	250	1.000	500	2.000	500

Siendo DI el desembolso inicial y 5 % la tasa de descuento. Se pide:

1. La inversión que debe realizar según el criterio del valor actual neto en el caso de que la reinversión de los flujos netos de caja positivos se lleve a cabo al tanto de interés del 4 % y los flujos netos de caja negativos sean financiados a un coste del 7 %.

2. La inversión preferible según el criterio de la tasa interna de rentabilidad si el coste del capital es del 10 %. La reinversión de los flujos netos de caja positivos se lleva a cabo al tanto de interés del 4 % y los flujos netos de caja negativos son financiados a un coste del 7 %.

Solución:

Proyecto A				
	DI	Año 1	Año 2	Año 3
Cobro		1.000	1.000	1.000
Pago	1.500	500	500	250
Flujo neto de caja	- 1.500	500	500	750

Proyecto B				
	DI	Año 1	Año 2	Año 3
Cobro		500	1.000	2.000
Pago	1.500	250	500	500
Flujo neto de caja	- 1.500	250	500	1.500

1. **La inversión que debe realizar según el criterio del valor actual neto en el caso de que la reinversión de los flujos netos de caja positivos se lleve a cabo al tanto de interés del 4 % y los flujos netos de caja negativos sean financiados a un coste del 7 %.**

$$VF_A = 500 \cdot (1 + 0,04)^2 + 500 \cdot (1 + 0,04)^1 + 750 \cdot (1 + 0,04)^0 = 1.810,8$$

$$VAN_A = \frac{1.810,8}{(1 + 0,05)^3} - 1.500 = 64,24$$

$$VF_B = 250 \cdot (1 + 0,04)^2 + 500 \cdot (1 + 0,04)^1 + 1.500 \cdot (1 + 0,04)^0 = 2.290,4$$

$$VAN_B = \frac{2.290,4}{(1 + 0,05)^3} - 1.500 = 478,53$$

VAN positivo en los dos proyectos ⇒ Resulta interesante invertir en los dos proyectos. Si únicamente puede invertir en uno, debe elegir el proyecto B dado que el valor actual neto es superior.

2. La inversión preferible según el criterio de la tasa interna de rentabilidad si el coste del capital es del 10 %. La reinversión de los flujos netos de caja positivos se lleva a cabo al tanto de interés del 4 % y los flujos netos de caja negativos son financiados a un coste del 7 %.

$$VF_A = 500 \cdot (1 + 0{,}04)^2 + 500 \cdot (1 + 0{,}04)^1 + 750 \cdot (1 + 0{,}04)^0 = 1.810{,}8$$

$$VAN_A = 0 \quad \Rightarrow \quad \frac{1.810{,}8}{(1 + i)^3} - 1.500 = 0 \quad \Rightarrow \quad i = 0{,}06478$$

$$VF_B = 250 \cdot (1 + 0{,}04)^2 + 500 \cdot (1 + 0{,}04)^1 + 1.500 \cdot (1 + 0{,}04)^0 = 2.290{,}4$$

$$VAN_B = 0 \quad \Rightarrow \quad \frac{2.290{,}4}{(1 + i)^3} - 1.500 = 0 \quad \Rightarrow \quad i = 0{,}15152$$

Coste del capital = 10 %.

Debe invertir en el proyecto B dado que su tasa interna de rentabilidad (TIR = 15,15 %) es superior al coste del capital (10%). Por el contrario, no interesa invertir en el proyecto A dado que su retorno (TIR = 6,47 %) es inferior al coste del capital (10 %).

Ejercicio 5

A partir de la estructura de costes para las tres alternativas de procesos productivos mostradas en la tabla.

Proceso	Coste Fijo	Coste Variable
Línea de ensamblaje	300.000 euros	30 euros
Fabricación por lotes	100.000 euros	55 euros
Taller	150.000 euros	45 euros

Determine:

1. La alternativa más económica para una producción anual de 250.000 unidades.

2. Para qué volúmenes de producción elegiría cada alternativa.

Solución:

1. **La alternativa más económica para una producción anual de 250.000 unidades.**

$$CT(\text{Línea de ensamblaje}) = 300.000 + (30 \times 250.000) = 7.800.000 \text{ euros}$$

$$CT(\text{Fabricación por lotes}) = 100.000 + (55 \times 250.000) = 13.850.000 \text{ euros}$$

$$CT(\text{Taller}) = 150.000 + (45 \times 250.000) = 11.400.000 \text{ euros}$$

La alternativa más económica para una producción anual de 250.000 unidades es la Línea de ensamblaje.

2. Para qué volúmenes de producción elegiría cada alternativa.

$$300.000 + (30 \times n) = 100.000 + (55 \times n) \quad \Rightarrow \quad n = 8.000 \text{ unidades}$$

$$300.000 + (30 \times n) = 150.000 + (45 \times n) \quad \Rightarrow \quad n = 10.000 \text{ unidades}$$

$$100.000 + (55 \times n) = 150.000 + (45 \times n) \quad \Rightarrow \quad n = 5.000 \text{ unidades}$$

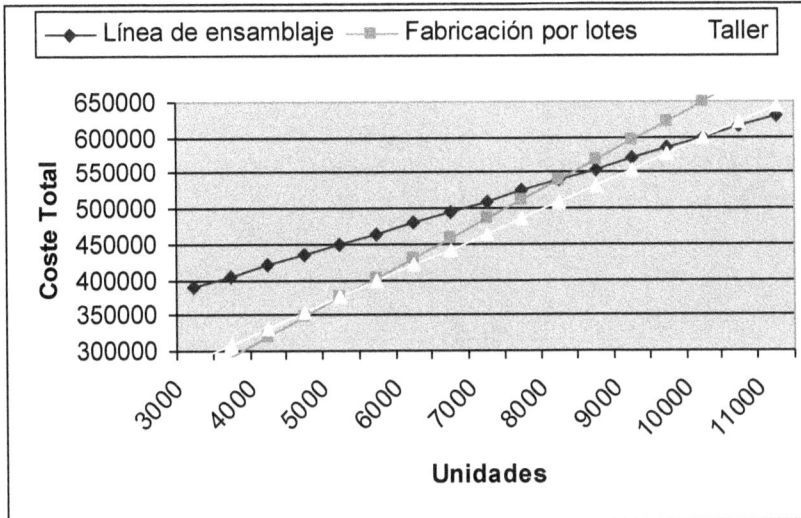

Volúmenes de producción	Alternativa elegida
0 a 5.000 unidades	Fabricación por lotes
5.000 a 10.000 unidades	Taller
> 10.000 unidades	Línea de ensamblaje

Ejercicio 6

La mano de obra directa de una empresa que tiene unos costes fijos de 100.000 euros anuales, asciende a 1 euro por unidad procesada, y los materiales 1 euro por unidad. El precio unitario de venta de su único producto es de 6 euros. Determine el punto de equilibrio en euros y en unidades.

Solución:

$$\frac{K}{\left(1 - \dfrac{c}{p}\right)} = \frac{100.000}{\left(1 - \dfrac{2}{6}\right)} = 150.000 \text{ euros}$$

$$n = \frac{K}{p - c} = \frac{100.000}{6 - 2} = 25.000 \, \frac{\text{unidades}}{\text{año}}$$

Ejercicio 7

Uno de los componentes utilizados por una empresa fabricante de patinetes son las ruedas, 3 por patinete. En el último ejercicio las ruedas fueron compradas a un proveedor al precio de 10 euros la unidad. La empresa está estudiando su fabricación, lo que supondría un coste fijo anual de 600.000 euros y un coste variable unitario de 5 euros. Determine la demanda de patinetes que haría interesante la fabricación de las ruedas por parte de la empresa.

Solución:

$$CT_{Fabricar} = 600.000 + \left(5\,\frac{euros}{rueda} \times 3\,\frac{ruedas}{patinete} \times D\,patinetes\right) = \left[600.000 + (15 \times D)\right] euros$$

$$CT_{Comprar} = 10\,\frac{euros}{rueda} \times 3\,\frac{ruedas}{patinete} \times D\,patinetes = (30 \times D)\,euros$$

$$CT_{Fabricar} < CT_{Comprar}$$

$$600.000 + (15 \times D) < (30 \times D) \quad \Rightarrow \quad D > 40.000$$

Demandas de patinetes superiores a 40.000 patinetes harían interesante la fabricación de las ruedas por parte de la empresa.

Ejercicio 8

Dados dos proyectos de inversión cuyos desembolsos iniciales y flujos de caja recoge la tabla.

Proyecto	Desembolso inicial	Flujos netos de caja			
		1	2	3	4
1	6.000	1.600	4.600	250	50
2	6.000	900	1.900	1.300	5.300

Determine:

1. La inversión preferible según el plazo de recuperación.

2. La inversión preferible según el criterio del flujo de caja total y medio anual por unidad monetaria comprometida.

3. El VAN de cada inversión suponiendo que el tipo de interés del mercado es del 5 % y que los flujos positivos de caja serán reinvertidos los dos primeros años al 3 %, mientras que los restantes años la reinversión tendrá lugar al 4 %.

Solución:

1. La inversión preferible según el plazo de recuperación.

$$\sum Q_j = 1.600 + 4.600 = 6.200 \quad \rightarrow \quad \text{Plazo de recuperación}_1 = 2 \text{ años}$$

$$\sum Q_j = 900 + 1.900 + 1.300 + 5.300 = 9.400 \quad \rightarrow \quad \text{Plazo de recuperación}_2 = 4 \text{ años}$$

Según el plazo de recuperación es preferible el proyecto 1.

2. **La inversión preferible según el criterio del flujo de caja total y medio anual por unidad monetaria comprometida.**

$$R_1 = \frac{\sum_{j=1}^{n} Q_j}{DI} = \frac{6.500}{6.000} = 1,08$$

$$R_2 = \frac{\sum_{j=1}^{n} Q_j}{DI} = \frac{9.400}{6.000} = 1,57$$

Según el criterio del flujo de caja total por unidad monetaria comprometida es preferible el proyecto 2.

$$\overline{FCA}_1 = \frac{1.600 + 4.600 + 250 + 50}{4} = 1.625$$

$$R_1 = \frac{\overline{FCA}_1}{DI} = \frac{1.625}{6.000} = 0,271$$

$$\overline{FCA}_2 = \frac{900 + 1.900 + 1.300 + 5.300}{4} = 2.350$$

$$R_2 = \frac{\overline{FCA}_2}{DI} = \frac{2.350}{6.000} = 0,392$$

Según el criterio del flujo de caja medio anual por unidad monetaria comprometida es preferible el proyecto 2.

3. **El VAN de cada inversión suponiendo que el tipo de interés del mercado es del 5 % y que los flujos positivos de caja serán reinvertidos los dos primeros años al 3 %, mientras que los restantes años la reinversión tendrá lugar al 4 %.**

$$VF_1 = 1.600 \cdot (1 + 0,03)^1 \cdot (1 + 0,04)^2 + 4.600 \cdot (1 + 0,04)^2 + 250 \cdot (1 + 0,04)^1 + 50 = 7.067,84$$

$$VAN_1 = \frac{7.067,84}{(1 + 0,05)^4} - 6000 = -185,27$$

$$VF_2 = 900 \cdot (1 + 0,03)^1 \cdot (1 + 0,04)^2 + 1.900 \cdot (1 + 0,04)^2 + 1.300 \cdot (1 + 0,04)^1 + 5.300 = 9.709,68$$

$$VAN_2 = \frac{9.709,68}{(1 + 0,05)^4} - 6000 = 1.988,18$$

Según el criterio del valor actual neto es preferible el proyecto 2.

Ejercicio 9

El desembolso inicial de un proyecto asciende a 30.000 euros, siendo 6.000 euros su valor residual y 10.000 euros el beneficio anual de la inversión durante cuatro años. Indique si resulta interesante invertir en este proyecto aplicando para ello la metodología del valor actual neto, se conoce que el coste del capital para la empresa es del 10 % y que solo se reinvertirá el beneficio del primer año a un interés del 3 %, los restantes beneficios se guardarán en la caja de la empresa.

Solución:

	DI	Año 1	Año 2	Año 3	Año 4
Valor residual					6.000
Cobro		10.000	10.000	10.000	10.000
Pago	30.000				
Flujo de caja	- 30.000	10.000	10.000	10.000	16.000

$$VF = 10.000 \times (1 + 0,03)^3 + 10.000 + 10.000 + 16.000 = 46.927,27 \text{ euros}$$

$$VAN = \frac{46.927,27}{(1 + 0,10)^5} - 30.000 = -861,86 \text{ euros}$$

No resulta interesante invertir en este proyecto dado que se pierde dinero, su VAN es negativo.

Ejercicio 10

Una máquina tiene un coste inicial de 3.000 euros y una vida útil de 6 años, siendo su valor residual 400 euros. Los gastos de operación ascienden a 100 euros al año y los ingresos a 600 euros al año. Calcule la TIR del proyecto de inversión sabiendo que los flujos de caja positivos serán reinvertidos a la misma tasa de interés del proyecto.

Solución:

	DI	Año					
		1	2	3	4	5	6
Valor residual							400
Ingresos		600	600	600	600	600	600
Gastos	3.000	100	100	100	100	100	100
Flujo de caja	- 3.000	500	500	500	500	500	900

$$VAN = \frac{500}{(1+i)^1} + \frac{500}{(1+i)^2} + \frac{500}{(1+i)^3} + \frac{500}{(1+i)^4} + \frac{500}{(1+i)^5} + \frac{900}{(1+i)^6} - 3.000$$

$$TIR \Rightarrow VAN = 0 \Rightarrow \frac{500}{(1+i)^1} + \frac{500}{(1+i)^2} + \frac{500}{(1+i)^3} + \frac{500}{(1+i)^4} + \frac{500}{(1+i)^5} + \frac{900}{(1+i)^6} - 3.000 = 0$$

$$i = 3,4\,\%$$

Capítulo 3: Productividad

Ejercicio 1

Una máquina requiere cinco minutos de operario para su carga y cinco minutos para su descarga. Se halla en funcionamiento procesando la pieza cincuenta minutos. Mientras la máquina está funcionando el operario debe realizar tareas de inspección, embalaje y preparación de la nueva pieza a procesar, en ello emplea diez minutos. Determine la productividad de una máquina de las que lleva el operario sabiendo que al mismo le han asignado (n + 1) máquinas.

Solución:

$$n = \frac{\text{Tiempo de ciclo}}{\text{Tiempo operario}} = \frac{T_{mp} + T_m}{T_{mp} + T_{mm}} = \frac{10 + 50}{10 + 10} = 3 \text{ máquinas}$$

$$\text{Productividad} = \frac{1}{\text{Tiempo de ciclo}} = \frac{1}{\left(T_{mp} + T_{mm}\right) \times \left(n + 1\right)}$$

$$\text{Productividad} = \frac{1}{\left(T_{mp} + T_{mm}\right) \times \left(n + 1\right)} = \frac{1}{\left(10 + 10\right) \times \left(3 + 1\right)} \frac{\text{piezas}}{\text{minutos}} \times \frac{60 \text{ minutos}}{1 \text{ hora}} = 0{,}75 \frac{\text{piezas}}{\text{hora}}$$

Ejercicio 2

El producto obtenido en un determinado proceso vale 10 euros cada unidad. El coste de la mano de obra empleada en dicho proceso es de 20 euros por hora el oficial de primera y 10 euros por hora el ayudante. Dicho proceso emplea 10 minutos en la fabricación de una pieza. Determine cuál es el valor añadido por hora de dicho proceso.

Solución:

$$\text{Pr oductividad} = \frac{1\,\text{unidad}}{10\,\text{min utos}} \times \frac{60\,\text{min utos}}{1\,\text{hora}} = 6\,\frac{\text{unidades}}{\text{hh}}$$

$$\text{Output del proceso} = 6\,\frac{\text{unidades}}{\text{hh}} \times 10\,\frac{\text{euro}}{\text{unidad}} = 60\,\frac{\text{euros}}{\text{hh}}$$

$$\text{Input del proceso} = 20\,\frac{\text{euros}}{\text{hora oficial}} + 10\,\frac{\text{euros}}{\text{hora ayudante}} = 30\,\frac{\text{euros}}{\text{hh}}$$

$$\text{Valor añadido} = 60\,\frac{\text{euros}}{\text{hh}} - 30\,\frac{\text{euros}}{\text{hh}} = 30\,\frac{\text{euros}}{\text{hh}}$$

Ejercicio 3

Don Olegario gerente de una empresa dedicada a la fabricación de pantallas de plasma para cerebros electrónicos, espera para el presente año un incremento de la demanda del 20 %. El año pasado se fabricaron 18.000 pantallas siendo la productividad de 0,5 pantallas por hora. Para incrementar la producción Don Olegario necesita contratar más personal, sabiendo que cada empleado trabaja 150 horas al mes, calcule el número de trabajadores que debe contratar Don Olegario para satisfacer la demanda.

Solución:

$$18.000 \, \frac{\text{pantallas}}{\text{año}} \times 20 \, \% = 3.600 \, \frac{\text{pantallas}}{\text{año}}$$

$$3.600 \, \frac{\text{pantallas}}{\text{año}} \times \frac{1}{0,5} \, \frac{\text{hora}}{\text{pantallas}} \times \frac{1}{12} \, \frac{\text{año}}{\text{meses}} \times \frac{1}{150} \, \frac{\text{trabajador} \cdot \text{mes}}{\text{horas}} = 4 \text{ trabajadores}$$

Ejercicio 4

El tiempo estándar asignado a la fabricación de una pieza es de 500 diezmilésimas de hora. Un operario en un turno de ocho horas ha fabricado 200 piezas. Determine la productividad alcanzada por el operario así como su desviación respecto a la productividad estándar establecida.

Solución:

$$\mathrm{Pr\,oductividad\ estándar} = \frac{1}{500}\frac{\mathrm{pieza}}{\mathrm{diezmilésimas}} \times \frac{10.000}{1}\frac{\mathrm{diezmilésimas}}{\mathrm{hora}} = 20\frac{\mathrm{piezas}}{\mathrm{hora}}$$

$$\mathrm{Pr\,oductividad\ operario} = \frac{200}{8}\frac{\mathrm{piezas}}{\mathrm{horas}} = 25\frac{\mathrm{piezas}}{\mathrm{hora}}$$

$$\Delta\,\mathrm{Pr\,oductividad} = \frac{25-20}{20} \times 100 = 25\,\%$$

El incremento productividad alcanzado por el operario es del 25 %.

Ejercicio 5

El ejercicio pasado una empresa tenía 60 trabajadores, cada uno de los cuales trabajó ocho horas diarias cinco días por semana durante cuarenta y ocho semanas cada año, logrando una producción de 230.400 unidades. Este año se jubilaron 10 trabajadores, los restantes trabajaron el mismo número de horas que el año anterior alcanzando una producción anual de 288.000 unidades.

1. Calcule el incremento de productividad conseguido por la empresa.

2. Indique cómo es posible incrementar la producción reduciendo la plantilla.

Solución:

1. Calcule el incremento de productividad conseguido por la empresa.

$$\frac{8}{1}\frac{horas}{día} \times \frac{5}{1}\frac{días}{semana} \times \frac{48}{1}\frac{semanas}{año} = 1.920\frac{horas}{año}$$

$$Productividad\ ejercicio\ pasado = \frac{230.400}{60 \times 1.920}\frac{unidades}{trabajadores \times hora} = 2\frac{unidades}{hh}$$

$$Productividad\ año\ actual = \frac{288.000}{50 \times 1.920}\frac{unidades}{trabajadores \times hora} = 3\frac{unidades}{hh}$$

$$\Delta\ Productividad = \frac{3-2}{2} \times 100 = 50\ \%$$

2. Indique cómo es posible incrementar la producción reduciendo la plantilla.

Incrementando la productividad.

Ejercicio 6

Un bufete de abogados tiene una plantilla de 10 personas que trabaja 8 horas al día, con unos gastos diarios de 500 euros en nóminas y 300 euros en gastos generales. El bufete gestiona 12 casos al día. Recientemente han adquirido un equipo de proceso de información que permitirá procesar 20 casos al día con el mismo personal y el mismo horario de trabajo, si bien los gastos generales diarios se duplican. Calcule:

1. El incremento de productividad del factor trabajo.

2. El incremento de productividad total.

Solución:

1. El incremento de productividad del factor trabajo.

$$\text{Productividad método actual} = \frac{12 \text{ casos}}{10 \text{ personas} \times 8 \text{ horas}/\text{persona}} = 0,15 \frac{\text{casos}}{\text{hora}}$$

$$\text{Productividad método nuevo} = \frac{20 \text{ casos}}{10 \text{ personas} \times 8 \text{ horas}/\text{persona}} = 0,25 \frac{\text{casos}}{\text{hora}}$$

$$\Delta \text{Productividad} = \frac{0,25 - 0,15}{0,15} \times 100 = 66,66 \%$$

2. El incremento de productividad total.

$$\text{Productividad método actual} = \frac{12 \text{ casos}}{(500 + 300) \text{ euros}} = 0,015 \frac{\text{casos}}{\text{euro}}$$

$$\text{Productividad método nuevo} = \frac{20 \text{ casos}}{(500 + 600) \text{ euros}} = 0,01818 \frac{\text{casos}}{\text{euro}}$$

$$\Delta \text{Productividad} = \frac{0,01818 - 0,015}{0,015} \times 100 = 21,21 \%$$

Capítulo 4: Distribución en planta

Ejercicio 1

En un prestigioso hospital la evaluación médica preventiva consta de los siguientes pasos:

Actividad	Minutos
Examen médico exhaustivo	20
Historial y reconocimiento médico inicial	19
Análisis sangre, presión arterial, peso, etc.	19
Entrevista psicológica	18
Evaluación final	17

Necesariamente la primera tarea que debe llevarse a cabo es la elaboración del historial médico del paciente junto con un reconocimiento médico inicial, de igual forma, la última actividad que debe ser la evaluación final, las restantes actividades pueden realizarse en cualquier orden. Para llevar a cabo la evaluación médica preventiva el hospital dispone de dos médicos becarios en prácticas, un psicólogo y dos médicos sénior. La evaluación final y la entrevista psicológica deben realizarla obligatoriamente el médico y el psicólogo respectivamente, el resto de actividades pueden realizarlas tanto médicos sénior como médicos en prácticas.

1. Desarrolle un layout y equilibre la línea, ¿Cuántas personas puede procesarse por hora?

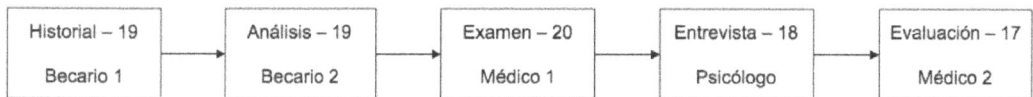

2. Rediseñe el layout para el caso en el que pudiera contratar otro médico sénior y un tercer médico becario en prácticas. Determine el nuevo output por hora.

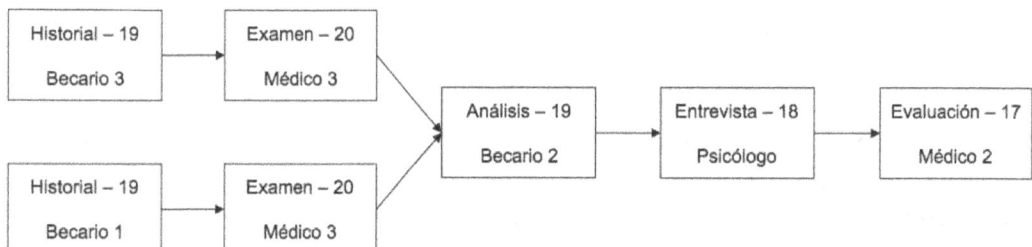

Solución:

1. Desarrolle un layout y equilibre la línea, ¿Cuántas personas puede procesarse por hora?

Historial – 19	→	Análisis – 19	→	Examen – 20	→	Entrevista – 18	→	Evaluación – 17
Becario 1		Becario 2		Médico 1		Psicólogo		Médico 2

Siendo el examen médico exhaustivo el cuello de botella, el número de personas que pueden procesarse por hora:

$$\frac{1}{20}\frac{\text{paciente}}{\text{min utos}} \times \frac{60}{1}\frac{\text{min utos}}{\text{hora}} = 3\frac{\text{pacientes}}{\text{hora}}$$

2. Rediseñe el layout para el caso en el que pudiera contratar otro médico sénior y un tercer médico becario en prácticas. Determine el nuevo output por hora.

Historial – 19	→	Examen – 20				
Becario 3		Médico 3				

Análisis – 19	→	Entrevista – 18	→	Evaluación – 17
Becario 2		Psicólogo		Médico 2

Historial – 19	→	Examen – 20
Becario 1		Médico 3

El nuevo cuello de botella es la estación de análisis de sangre, presión arterial, etc., con lo que el nuevo output por hora pasa a ser de:

$$\frac{1}{19}\frac{\text{paciente}}{\text{min utos}} \times \frac{60}{1}\frac{\text{min utos}}{\text{hora}} = 3,15789 \frac{\text{pacientes}}{\text{hora}}$$

Siendo el incremento de productividad alcanzado de:

$$\frac{3,15789 - 3}{3} \times 100 = 5,26\,\%$$

Ejercicio 2

Imagine que acaba de adquirir un apartamento y debe elegir el interior del mismo sobre la base de dos layouts que ofrece la empresa constructora. El número de desplazamientos diarios previstos entre las distintas estancias de su apartamento son los siguientes:

	Comedor	Habitación	Lavabo	Cocina
Comedor		3	3	5
Habitación			3	3
Lavabo	4	3		
Cocina	5		4	

Los dos layouts que le ofrece la empresa constructora son los siguientes:

Layout 1: poner las estancias una al lado de la otra siguiendo el orden comedor, habitación, lavabo, cocina. La distancia entre centros de estancias es de 5 pasos.

Layout 2: colocar el comedor y la habitación a un lado del pasillo, y al otro lado frente a los anteriores, el lavabo y la cocina. La distancia entre centros de estancias es de 5 pasos ya sea en horizontal o vertical, y 8 pasos en diagonal.

Sabiendo que desea disponer del mayor tiempo posible para dedicarlo a su trabajo, determine cuál de los dos layouts le resulta más interesante.

Solución:

Layout 1: distancia entre centros de 5 pasos.

Comedor	Habitación	Lavabo	Cocina

Desplazamiento	Viajes	Pasos/viaje	Viajes x Pasos/viaje
Comedor – Habitación	3	5	15
Comedor – Lavabo	3	10	30
Comedor – Cocina	5	15	75
Habitación – Lavabo	3	5	15
Habitación – Cocina	3	10	30
Lavabo – Comedor	4	10	40
Lavabo – Habitación	3	5	15
Cocina – Comedor	5	15	75
Cocina – Lavabo	4	5	20
TOTAL			**315**

Layout 2: distancia entre centros de 5 pasos en horizontal o vertical, y 8 pasos en diagonal.

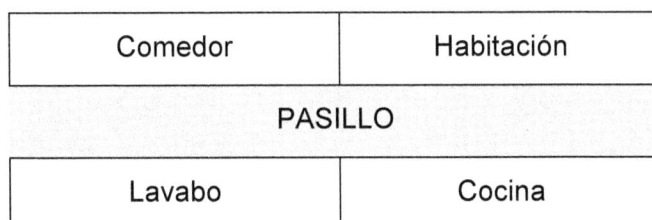

Comedor	Habitación
PASILLO	
Lavabo	Cocina

Desplazamiento	Viajes	Pasos/viaje	Viajes x Pasos/viaje
Comedor – Habitación	3	5	15
Comedor – Lavabo	3	5	15
Comedor – Cocina	5	8	40
Habitación – Lavabo	3	8	24
Habitación – Cocina	3	5	15
Lavabo – Comedor	4	5	20
Lavabo – Habitación	3	8	24
Cocina – Comedor	5	8	40
Cocina – Lavabo	4	5	20
TOTAL			**213**

Resulta más interesante el layout 2 dado que es más económico, tan solo debe recorrer 213 pasos al final del día, en lugar de los 315 pasos que debería recorrer diariamente en caso de elegir el primer layout.

Ejercicio 3

El director de producción de una empresa está evaluando dos alternativas de distribución para una nueva planta que acaban de adquirir. Las dos alternativas que está considerando el director de producción son las siguientes:

Alternativa 1

1	3	4
5	2	6

Alternativa 2

2	1	3
5	6	4

La secuencia de procesos de fabricación así como la producción mensual estimada para cada uno de los cuatro productos elaborados por la empresa viene dada en la tabla.

Producto	Secuencia de fabricación	Producción mensual
P1	1 – 6 – 2 – 4 – 3	2.000
P2	5 – 1 – 2 – 6	3.500
P3	1 – 3 – 4 – 6	4.500
P4	3 – 2 – 6 – 1 – 4	2.000

La distancia entre centros de departamentos es de 20 metros. Los desplazamientos no pueden producirse en diagonal, por ejemplo no puede ir del departamento 1 al 2 sin pasar por el 3 o el 5.

1. Determine la alternativa de distribución más adecuada para la nueva planta tomando en consideración el objetivo de minimizar el movimiento de materiales.

2. **Indique si cambiaría de alternativa en el caso de que la producción del producto P3 disminuyera un cincuenta por ciento.**

Solución:

1. **Determine la alternativa de distribución más adecuada para la nueva planta tomando en consideración el objetivo de minimizar el movimiento de materiales.**

Para la alternativa 1 la distancia recorrida por cada unidad de producto en función de su secuencia de fabricación es la siguiente:

Producto	Secuencia de fabricación	Resultado
P1	1 – 6 – 2 – 4 – 3	60 + 20 + 40 + 20 = 140 metros
P2	5 – 1 – 2 – 6	20 + 40 + 20 = 80 metros
P3	1 – 3 – 4 – 6	20 + 20 + 20 = 60 metros
P4	3 – 2 – 6 – 1 – 4	20 + 20 + 60 + 40 = 140 metros

De donde el coste de la alternativa 1:

Producto	Coste = carga x distancia
P1	2.000 x 140 = 280.000
P2	3.500 x 80 = 280.000
P3	4.500 x 60 = 270.000
P4	2.000 x 140 = 280.000
TOTAL	**1.110.000**

Para la alternativa 2 la distancia recorrida por cada unidad de producto en función de su secuencia de fabricación es la siguiente:

Producto	Secuencia de fabricación	Resultado
P1	1 – 6 – 2 – 4 – 3	20 + 40 + 60 + 20 = 140 metros
P2	5 – 1 – 2 – 6	40 + 20 + 40 = 100 metros
P3	1 – 3 – 4 – 6	20 + 20 + 20 = 60 metros
P4	3 – 2 – 6 – 1 – 4	40 + 40 + 20 + 40 = 140 metros

De donde el coste de la alternativa 2:

Producto	Coste = carga x distancia
P1	2.000 x 140 = 280.000
P2	3.500 x 100 = 350.000
P3	4.500 x 60 = 270.000
P4	2.000 x 140 = 280.000
TOTAL	**1.180.000**

La alternativa más económica es la alternativa 1.

2. **Indique si cambiaría de alternativa en el caso de que la producción del producto P3 disminuyera un cincuenta por ciento.**

	COSTE	
Producto	Alternativa 1	Alternativa 2
P1	2.000 x 140 = 280.000	2.000 x 140 = 280.000
P2	3.500 x 80 = 280.000	3.500 x 100 = 350.000
P3	2.250 x 60 = 135.000	2.250 x 60 = 135.000
P4	2.000 x 140 = 280.000	2.000 x 140 = 280.000
TOTAL	**975.000**	**1.045.000**

No cambiaría, la alternativa más económica sigue siendo la alternativa 1.

Ejercicio 4

En la línea de producción de una empresa se llevan a cabo los elementos de trabajo que se muestran en la tabla.

Actividad	Tiempo de operación (segundos)	Actividades anteriores
A	4	
B	3	
C	2	
D	5	A
E	5	B
F	2	C
G	3	D, E, F
H	4	G
K	8	H, G

1. Conociendo que la producción de la línea es de 300 unidades hora y que la empresa trabaja diariamente un solo turno de ocho horas, equilibre la cadena de producción y calcule el tiempo ocioso de cada puesto de trabajo.

2. Evalúe lo que sucedería en el caso de que la demanda se incrementase a 400 artículos cada hora.

Solución:

1. Conociendo que la producción de la línea es de 300 unidades hora y que la empresa trabaja diariamente un solo turno de ocho horas, equilibre la cadena de producción y calcule el tiempo ocioso de cada puesto de trabajo.

Diagrama de precedencias

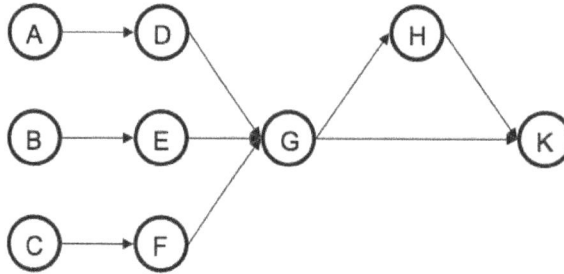

$$\text{Tiempo de ciclo} = \frac{\text{Tiempo de producción disponible por día}}{\text{Demanda diaria de unidades}} = \frac{480 \, \dfrac{\min utos}{día}}{2.400 \, \dfrac{unidades}{día}} = 0,2 \, \frac{\min utos}{unidad}$$

$$\text{Tiempo de ciclo} = 0,2 \, \frac{\min utos}{unidad} \times \frac{60 \, \text{segundos}}{1 \, \min uto} = 12 \, \frac{\text{segundos}}{unidad}$$

Iteración 1 – Estación 1 disponible 12 segundos	
Listado de operaciones	A – B – C – D – E – F – G – H – K
Listado SIN operaciones que:	
Ya están asignadas	A – B – C – D – E – F – G – H – K
No tengan satisfecha la precedencia	A – B – C
No tengan un tiempo adecuado	A – B – C
Asigna	**Tarea A a la estación 1**
Quedan disponibles en la estación	**12 – 4 = 8 segundos**

Dado que no hay ninguna tarea asignada al ser la primera iteración, el listado sin las operaciones que ya están asignadas se corresponde con el listado de operaciones.

De las tareas que configuran el listado sin las operaciones que ya están asignadas, las únicas que tienen satisfecha la relación de precedencia son la A, B y C, las restantes no tienen satisfecha dicha relación por tanto no aparecen en el listado sin las operaciones que no tengan satisfecha la precedencia.

Del anterior listado debe eliminar las tareas que no tengan un tiempo disponible adecuado para la estación de trabajo, dado que tanto la tarea A como la B y la C tienen un tiempo inferior al adecuado para la estación de trabajo que es de 12 segundos, el listado sin operaciones que no tengan un tiempo adecuado se corresponde con el listado sin operaciones que no tengan satisfecha la precedencia. Cualquiera de ellas A, B o C puede asignarse a la estación de trabajo 1. En el texto se ha asignado la tarea A a dicha estación.

Iteración 2 – Estación 1 disponible 8 segundos	
Listado de operaciones	A – B – C – D – E – F – G – H – K
Listado SIN operaciones que:	
Ya están asignadas	B – C – D – E – F – G – H – K
No tengan satisfecha la precedencia	B – C – D
No tengan un tiempo adecuado	B – C – D
Asigna	**Tarea B a la estación 1**
Quedan disponibles en la estación	**12 – 4 – 3 = 5 segundos**

El listado sin las operaciones que ya están asignadas se corresponde con el listado de operaciones al cual hay que eliminar la tarea A que ha sido asignada en la primera iteración.

De las tareas que configuran el listado sin las operaciones que ya están asignadas, las únicas que tienen satisfecha la relación de precedencia son B, C y D, las restantes no tienen satisfecha dicha relación por tanto no aparecen en el listado sin las operaciones que no tengan satisfecha la precedencia.

El listado sin operaciones que no tengan un tiempo adecuado se corresponde con el listado sin operaciones que no tengan satisfecha la precedencia dado que el tiempo de realización de cualquiera de ellas es inferior al disponible en la estación de trabajo. Cualquiera de ellas B, C o D puede asignarse a la estación de trabajo 1. Se ha elegido al azar la tarea B para ser llevada a cabo en dicha estación.

Iteración 3 – Estación 1 disponible 5 segundos	
Listado de operaciones	A – B – C – D – E – F – G – H – K
Listado SIN operaciones que:	
Ya están asignadas	C – D – E – F – G – H – K
No tengan satisfecha la precedencia	C – D – E
No tengan un tiempo adecuado	C – D – E
Asigna	**Tarea D a la estación 1**
Quedan disponibles en la estación	**12 – 4 – 3 – 5 = 0 segundos**

Las operaciones A y B ya están asignadas. Solo tienen satisfecha la relación de precedencia las tareas C, D y E. Las tres operaciones tienen un tiempo de realización inferior al disponible en la estación de trabajo, cualquiera de las tres tareas puede ser asignada a la primera estación.

Iteración 4 – Estación 2 disponible 12 segundos	
Listado de operaciones	A – B – C – D – E – F – G – H – K
Listado SIN operaciones que:	
Ya están asignadas	C – E – F – G – H – K
No tengan satisfecha la precedencia	C – E
No tengan un tiempo adecuado	C – E
Asigna	**Tarea C a la estación 2**
Quedan disponibles en la estación	**12 – 2 = 10 segundos**

Las operaciones A, B y D ya están asignadas. Solo tienen satisfecha la relación de precedencia las tareas C y E. Las dos operaciones tienen un tiempo de realización inferior al disponible en la estación de trabajo, cualquiera de las dos tareas puede ser asignada a la segunda estación.

Iteración 5 – Estación 2 disponible 10 segundos	
Listado de operaciones	A – B – C – D – E – F – G – H – K
Listado SIN operaciones que:	
Ya están asignadas	E – F – G – H – K
No tengan satisfecha la precedencia	E – F
No tengan un tiempo adecuado	E – F
Asigna	**Tarea E a la estación 2**
Quedan disponibles en la estación	**12 – 2 – 5 = 5 segundos**

Las operaciones A, B, C y D ya están asignadas. Solo tienen satisfecha la relación de precedencia las tareas E y F. Las dos operaciones tienen un tiempo de realización inferior al disponible en la estación de trabajo, cualquiera de las dos puede ser asignada a la segunda estación.

Iteración 6 – Estación 2 disponible 5 segundos	
Listado de operaciones	A – B – C – D – E – F – G – H – K
Listado SIN operaciones que:	
Ya están asignadas	F – G – H – K
No tengan satisfecha la precedencia	F
No tengan un tiempo adecuado	F
Asigna	**Tarea F a la estación 2**
Quedan disponibles en la estación	**12 – 2 – 5 – 2 = 3 segundos**

La única tarea con la relación de precedencia satisfecha F tiene un tiempo de realización de 2 minutos, tiempo inferior al disponible en la estación de trabajo por lo que debe ser asignada a dicha estación.

Iteración 7 – Estación 2 disponible 3 segundos	
Listado de operaciones	A – B – C – D – E – F – G – H – K
Listado SIN operaciones que:	
Ya están asignadas	G – H – K
No tengan satisfecha la precedencia	G
No tengan un tiempo adecuado	G
Asigna	**Tarea G a la estación 2**
Quedan disponibles en la estación	**12 – 2 – 5 – 2 – 3 = 0 segundos**

La única tarea con la relación de precedencia satisfecha G tiene un tiempo de realización de 3 minutos, tiempo igual al disponible en la estación de trabajo por lo que debe ser asignada a dicha estación.

Iteración 8 – Estación 3 disponible 12 segundos	
Listado de operaciones	A – B – C – D – E – F – G – H – K
Listado SIN operaciones que:	
Ya están asignadas	H – K
No tengan satisfecha la precedencia	H
No tengan un tiempo adecuado	H
Asigna	**Tarea H a la estación 3**
Quedan disponibles en la estación	**12 – 4 = 8 segundos**

La única tarea con la relación de precedencia satisfecha H tiene un tiempo de realización de 4 minutos, tiempo inferior al disponible en la tercera estación de trabajo por lo que debe ser asignada a dicha estación.

Iteración 9 – Estación 3 disponible 8 segundos	
Listado de operaciones	A – B – C – D – E – F – G – H – K
Listado SIN operaciones que:	
Ya están asignadas	K
No tengan satisfecha la precedencia	K
No tengan un tiempo adecuado	K
Asigna	**Tarea K a la estación 3**
Quedan disponibles en la estación	**12 – 4 – 8 = 0 segundos**

La asignación resultante se muestra en el gráfico siguiente:

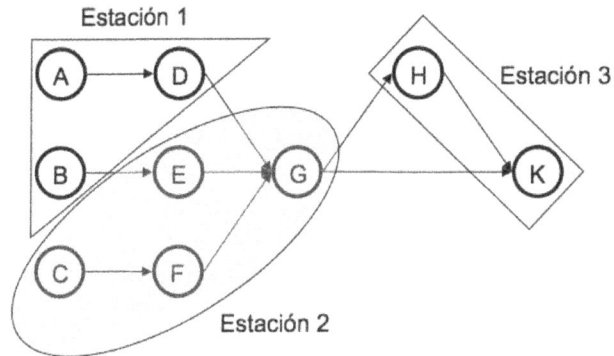

$$\text{Eficiencia} = \frac{\sum_{j=1}^{n} \text{Tiempo para la tarea j}}{(\text{número de estaciones}) \times (\text{tiempo de ciclo})} \times 100$$

$$\text{Eficiencia} = \frac{36 \text{ segundos}}{(3 \text{ estaciones}) \times \left(12 \dfrac{\text{segundos}}{\text{estación}}\right)} \times 100 = 100\ \%$$

$$\text{Tiempo ocioso total} = (\text{número de estaciones} \times \text{tiempo de ciclo}) - \sum_{j=1}^{n} \text{Tiempo para la tarea j}$$

$$\text{Tiempo ocioso total} = \left(3 \text{ estaciones} \times 12 \dfrac{\text{segundos}}{\text{estación}}\right) - 36 \text{ segundos} = 0 \text{ segundos}$$

Carga de cada estación de trabajo

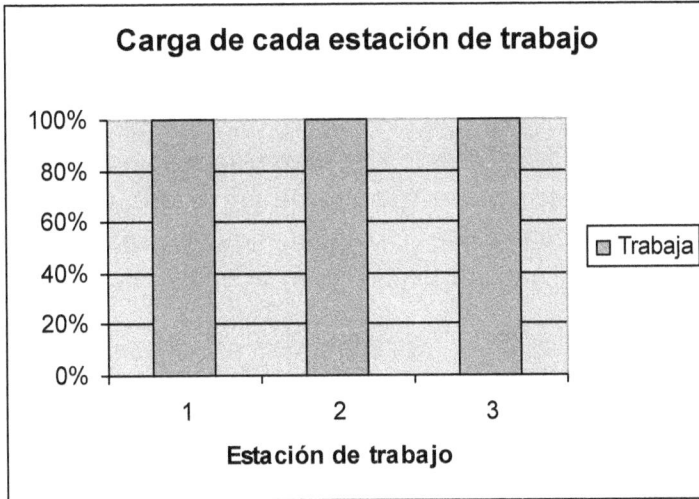

2. **Evalúe lo que sucedería en el caso de que la demanda se incrementase a 400 artículos cada hora.**

$$\text{Tiempo de ciclo} = \frac{\text{Tiempo de producción disponible por día}}{\text{Demanda diaria de unidades}} = \frac{480\ \dfrac{\text{min utos}}{\text{día}}}{3.200\ \dfrac{\text{unidades}}{\text{día}}} = 0,15\ \frac{\text{min utos}}{\text{unidad}}$$

$$\text{Tiempo de ciclo} = 0,15\ \frac{\text{min utos}}{\text{unidad}} \times \frac{60\ \text{segundos}}{1\ \text{min uto}} = 9\ \frac{\text{segundos}}{\text{unidad}}$$

Iteración 1 – Estación 1 disponible 9 segundos	
Listado de operaciones	A – B – C – D – E – F – G – H – K
Listado SIN operaciones que:	
Ya están asignadas	A – B – C – D – E – F – G – H – K
No tengan satisfecha la precedencia	A – B – C
No tengan un tiempo adecuado	A – B – C
Asigna	**Tarea A a la estación 1**
Quedan disponibles en la estación	**9 – 4 = 5 segundos**

Dado que no hay ninguna tarea asignada al ser la primera iteración, el listado sin las operaciones que ya están asignadas se corresponde con el listado de operaciones.

De las tareas que configuran el listado sin las operaciones que ya están asignadas, las únicas que tienen satisfecha la relación de precedencia son la A, B y C, las restantes no tienen satisfecha dicha relación por tanto no aparecen en el listado sin las operaciones que no tengan satisfecha la precedencia.

Del anterior listado debe eliminar las tareas que no tengan un tiempo disponible adecuado para la estación de trabajo, dado que tanto la tarea A como la B y la C tienen un tiempo inferior al adecuado para la estación de trabajo que es de 9 segundos, el listado sin operaciones que no tengan un tiempo adecuado se corresponde con el listado sin operaciones que no tengan satisfecha la precedencia. Cualquiera de ellas A, B o C puede asignarse a la estación de trabajo 1. En el texto se ha asignado la tarea A a dicha estación.

Iteración 2 – Estación 1 disponible 5 segundos	
Listado de operaciones	A – B – C – D – E – F – G – H – K
Listado SIN operaciones que:	
Ya están asignadas	B – C – D – E – F – G – H – K
No tengan satisfecha la precedencia	B – C – D
No tengan un tiempo adecuado	B – C – D
Asigna	**Tarea B a la estación 1**
Quedan disponibles en la estación	**9 – 4 – 3 = 2 segundos**

El listado sin las operaciones que ya están asignadas se corresponde con el listado de operaciones al cual hay que eliminar la tarea A que ha sido asignada en la primera iteración,

De las tareas que configuran el listado sin las operaciones que ya están asignadas, las únicas que tienen satisfecha la relación de precedencia son B, C y D, las restantes no tienen satisfecha dicha relación por tanto no aparecen en el listado sin las operaciones que no tengan satisfecha la precedencia.

El listado sin operaciones que no tengan un tiempo adecuado se corresponde con el listado sin operaciones que no tengan satisfecha la precedencia dado que el tiempo de realización de cualquiera de ellas es inferior al disponible en la estación de trabajo. Cualquiera de ellas B, C o D puede asignarse a la estación de trabajo 1. Se ha elegido la tarea B para ser llevada a cabo en dicha estación.

Iteración 3 – Estación 1 disponible 2 segundos	
Listado de operaciones	A – B – C – D – E – F – G – H – K
Listado SIN operaciones que:	
Ya están asignadas	C – D – E – F – G – H – K
No tengan satisfecha la precedencia	C – D – E
No tengan un tiempo adecuado	C
Asigna	**Tarea C a la estación 1**
Quedan disponibles en la estación	**9 – 4 – 3 – 2 = 0 segundos**

Las operaciones A y B ya están asignadas. Solo tienen satisfecha la relación de precedencia las tareas C, D y E. Solo la operación C tiene un tiempo de realización igual al disponible en la estación de trabajo.

Iteración 4 – Estación 2 disponible 9 segundos	
Listado de operaciones	A – B – C – D – E – F – G – H – K
Listado SIN operaciones que:	
Ya están asignadas	D – E – F – G – H – K
No tengan satisfecha la precedencia	D – E – F
No tengan un tiempo adecuado	D – E – F
Asigna	**Tarea E a la estación 2**
Quedan disponibles en la estación	**9 – 5 = 4 segundos**

Las operaciones A, B y C ya están asignadas. Solo tienen satisfecha la relación de precedencia las tareas D, E y F. Las tres operaciones tienen un tiempo de realización igual o inferior al disponible en la estación de trabajo, cualquiera de las tres tareas puede ser asignada a la segunda estación.

Iteración 5 – Estación 2 disponible 4 segundos	
Listado de operaciones	A – B – C – D – E – F – G – H – K
Listado SIN operaciones que:	
Ya están asignadas	D – F – G – H – K
No tengan satisfecha la precedencia	D – F
No tengan un tiempo adecuado	F
Asigna	**Tarea F a la estación 2**
Quedan disponibles en la estación	**9 – 5 – 2 = 2 segundos**

Las operaciones A, B, C y E ya están asignadas. Solo tienen satisfecha la relación de precedencia las tareas D y F. Solo la operación F tiene un tiempo de realización inferior al disponible en la estación de trabajo.

Iteración 6 – Estación 2 disponible 2 segundos	
Listado de operaciones	A – B – C – D – E – F – G – H – K
Listado SIN operaciones que:	
Ya están asignadas	D – G – H – K
No tengan satisfecha la precedencia	D
No tengan un tiempo adecuado	
Asigna	**Ninguna tarea es asignable**
Quedan disponibles en la estación	

La única tarea con la relación de precedencia satisfecha D tiene un tiempo de realización de 5 minutos, tiempo superior al disponible en la estación de trabajo por lo que no puede asignar ninguna tarea más a la estación 2.

Iteración 7 – Estación 3 disponible 9 segundos	
Listado de operaciones	A – B – C – D – E – F – G – H – K
Listado SIN operaciones que:	
Ya están asignadas	D – G – H – K
No tengan satisfecha la precedencia	D
No tengan un tiempo adecuado	D
Asigna	**Tarea D a la estación 3**
Quedan disponibles en la estación	**9 – 5 = 4 segundos**

La única tarea con la relación de precedencia satisfecha D tiene un tiempo de realización inferior al disponible en la estación de trabajo por lo que debe ser asignada a dicha estación.

Iteración 8 – Estación 3 disponible 4 segundos	
Listado de operaciones	A – B – C – D – E – F – G – H – K
Listado SIN operaciones que:	
Ya están asignadas	G – H – K
No tengan satisfecha la precedencia	G
No tengan un tiempo adecuado	G
Asigna	**Tarea G a la estación 3**
Quedan disponibles en la estación	**9 – 5 – 3 = 1 segundo**

La única tarea con la relación de precedencia satisfecha G tiene un tiempo de realización de 3 minutos, tiempo inferior al disponible en la tercera estación de trabajo por lo que debe ser asignada a dicha estación.

Iteración 9 – Estación 3 disponible 1 segundo	
Listado de operaciones	A – B – C – D – E – F – G – H – K
Listado SIN operaciones que:	
Ya están asignadas	H – K
No tengan satisfecha la precedencia	H
No tengan un tiempo adecuado	
Asigna	**Ninguna tarea es asignable**
Quedan disponibles en la estación	

La única tarea con la relación de precedencia satisfecha H tiene un tiempo de realización de 4 minutos, tiempo superior al disponible en la estación de trabajo por lo que no puede asignar ninguna tarea más a la estación 3.

Iteración 10 – Estación 4 disponible 9 segundos	
Listado de operaciones	A – B – C – D – E – F – G – H – K
Listado SIN operaciones que:	
Ya están asignadas	H – K
No tengan satisfecha la precedencia	H
No tengan un tiempo adecuado	H
Asigna	**Tarea H a la estación 4**
Quedan disponibles en la estación	**9 – 4 = 5 segundos**

La única tarea con la relación de precedencia satisfecha H tiene un tiempo de realización inferior al disponible en la estación de trabajo por lo que debe ser asignada a dicha estación.

Iteración 11 – Estación 4 disponible 5 segundos	
Listado de operaciones	A – B – C – D – E – F – G – H – K
Listado SIN operaciones que:	
Ya están asignadas	K
No tengan satisfecha la precedencia	K
No tengan un tiempo adecuado	
Asigna	**Ninguna tarea es asignable**
Quedan disponibles en la estación	

La única tarea con la relación de precedencia satisfecha K tiene un tiempo de realización de 8 minutos, tiempo superior al disponible en la estación de trabajo por lo que no puede asignar ninguna tarea más a la estación 4.

Iteración 12 – Estación 5 disponible 9 segundos	
Listado de operaciones	A – B – C – D – E – F – G – H – K
Listado SIN operaciones que:	
Ya están asignadas	K
No tengan satisfecha la precedencia	K
No tengan un tiempo adecuado	K
Asigna	**Tarea K a la estación 5**
Quedan disponibles en la estación	**9 – 8 = 1 segundo**

La única tarea con la relación de precedencia satisfecha K tiene un tiempo de realización inferior al disponible en la estación de trabajo por lo que debe ser asignada a dicha estación.

La asignación resultante se muestra en el gráfico siguiente:

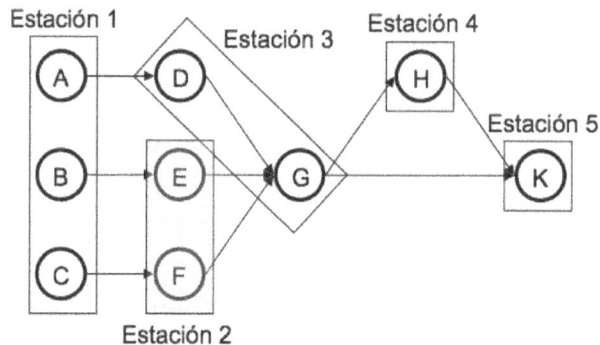

$$\text{Eficiencia} = \frac{\sum_{j=1}^{n} \text{Tiempo para la tarea j}}{(\text{número de estaciones}) \times (\text{tiempo de ciclo})} \times 100$$

$$\text{Eficiencia} = \frac{36 \text{ segundos}}{(5 \text{ estaciones}) \times \left(9 \frac{\text{segundos}}{\text{estación}}\right)} \times 100 = 80\ \%$$

$$\text{Tiempo ocioso total} = (\text{número de estaciones} \times \text{tiempo de ciclo}) - \sum_{j=1}^{n} \text{Tiempo para la tarea j}$$

$$\text{Tiempo ocioso total} = \left(5 \text{ estaciones} \times 9 \frac{\text{segundos}}{\text{estación}}\right) - 36 \text{ segundos} = 9 \text{ segundos}$$

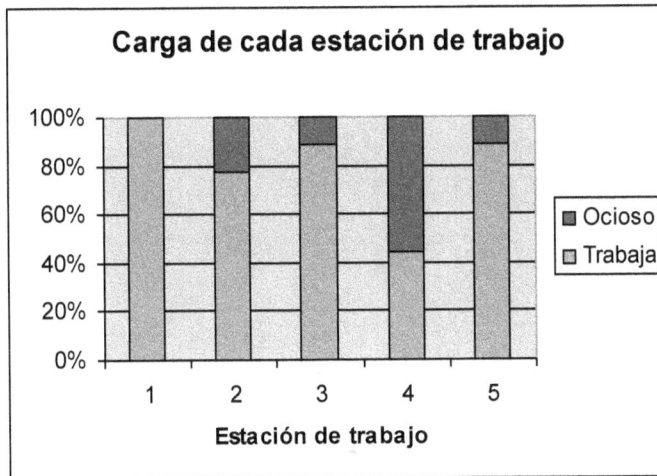

Carga de cada estación de trabajo

Ejercicio 5

Un empresario ha decidido mejorar el flujo de materiales de su empresa. La figura muestra el layout actual de la empresa y la tabla el número mensual de desplazamientos entre departamentos.

1 Oficina	2 Recepción	3 Almacén	4 Mecanizado

5 Postventa	6 Ensamblaje	7 Calidad	8 Pruebas

	1	2	3	4	5	6	7	8
1. Oficina		120	120	20	40			
2. Recepción	100		110					
3. Almacén	100			60	60			
4. Mecanizado					50			60
5. Postventa				50				50
6. Ensamblaje		80						
7. Calidad				10		90		
8. Pruebas				10			100	

Teniendo en cuenta que la oficina no puede cambiar su actual ubicación, que el tamaño de cada sala es de 10 x 10 metros, y que las secciones en diagonal se consideran adyacentes:

1. Diseñe gráficamente un layout para la empresa y evalúe su coste.

2. Proponga un nuevo layout que reduzca el coste de la solución anterior y evalúe el nuevo coste.

Solución:

1. Diseñe gráficamente un layout para la empresa y evalúe su coste.

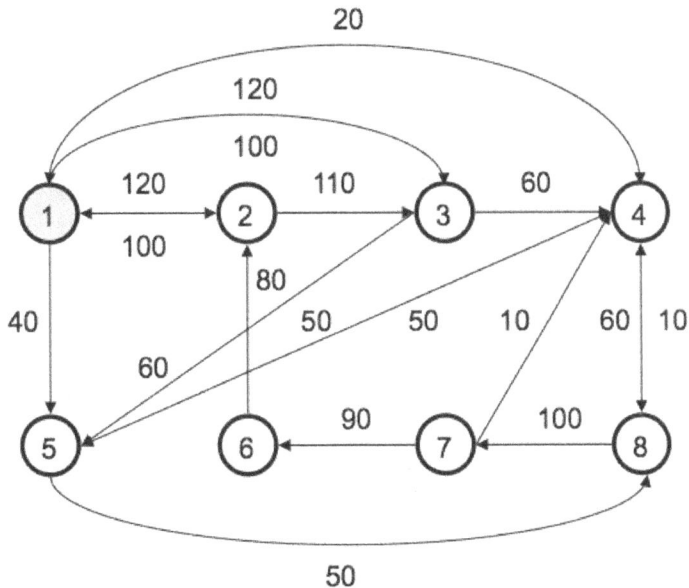

Coste = (120 x 10) + (120 x 20) + (20 x 30) + (40 x 10) + (100 x 10) + (110 x 10) + (100 x 20) + (60 x 10) + (60 x 20) + (50 x 30) + (60 x 10) + (50 x 30) + (50 x 30) + (80 x 10) + (10 x 10) + (90 x 10) + (10 x 10) + (100 x 10) = 18.500

2. Proponga un nuevo layout que reduzca el coste de la solución anterior y evalúe el nuevo coste.

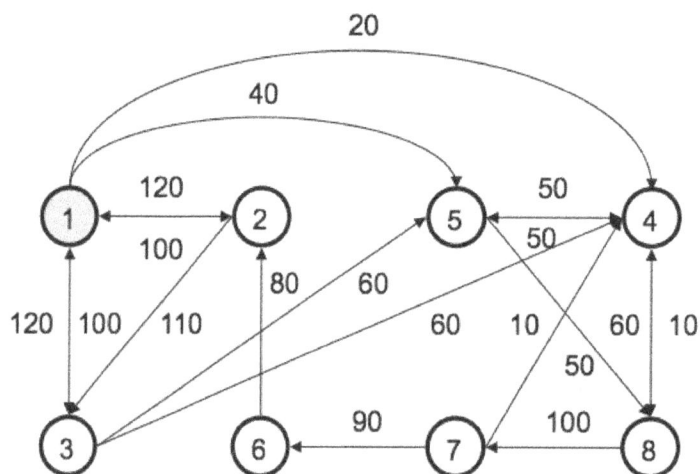

Coste = (120 x 10) + (120 x 10) + (20 x 30) + (40 x 20) + (100 x 10) + (110 x 10) + (100 x 10) + (60 x 30) + (60 x 20) + (50 x 10) + (60 x 10) + (50 x 10) + (50 x 10) + (80 x 10) + (10 x 10) + (90 x 10) + (10 x 10) + (100 x 10) = 14.900

Ejercicio 6

En la tabla se muestran las tareas necesarias para la fabricación de un producto. Se conoce que el tiempo de ciclo de cada estación de trabajo debe ser de 10 minutos con el objetivo de satisfacer la demanda, y que las actividades no son separables.

Actividad	Actividades predecesoras	Tiempo (minutos)
A		5
B		2
C	B	5
D	B	3
E	A, D	2
F		3
G	C, E, F	4
H	G	4

1. Dibuje el diagrama de precedencias.

2. Determine el número mínimo de estaciones de trabajo.

3. Asigne las tareas a cada estación de trabajo.

4. Calcule el tiempo de inactividad en cada ciclo.

Solución:

1. Dibuje el diagrama de precedencias.

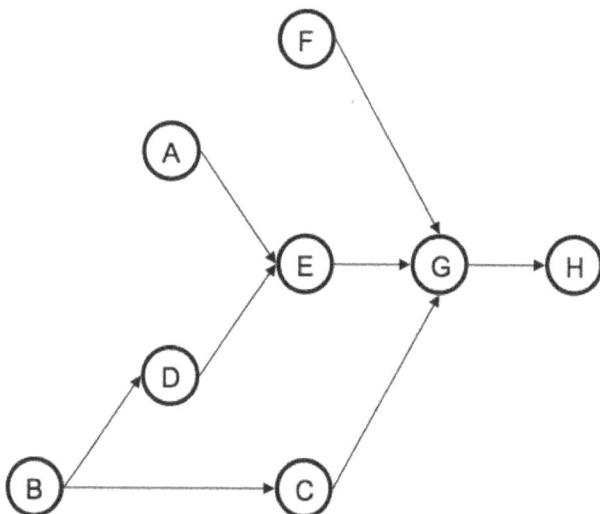

2. Determine el número mínimo de estaciones de trabajo.

$$\text{Número mínimo de estaciones} = \frac{\sum_{j=1}^{n} \text{Tiempo para la tarea j}}{\text{Tiempo de ciclo}}$$

$$\text{Número mínimo de estaciones} = \frac{28 \text{ min utos}}{10 \frac{\text{min utos}}{\text{estación}}} = 2,8 \text{ estaciones} \rightarrow 3 \text{ estaciones}$$

3. Asigne las tareas a cada estación de trabajo.

Iteración 1 – Estación 1 disponible 10 minutos	
Listado de operaciones	A – B – C – D – E – F – G – H
Listado SIN operaciones que:	
Ya están asignadas	A – B – C – D – E – F – G – H
No tengan satisfecha la precedencia	A – B – F
No tengan un tiempo adecuado	A – B – F
Asigna	**Tarea A a la estación 1**
Quedan disponibles en la estación	**10 – 5 = 5 minutos**

Dado que no hay ninguna tarea asignada al ser la primera iteración, el listado sin las operaciones que ya están asignadas se corresponde con el listado de operaciones.

De las tareas que configuran el listado sin las operaciones que ya están asignadas, solo las tareas A, B y F tienen satisfecha la relación de precedencia, las restantes no tienen satisfecha dicha relación por tanto no aparecen en el listado sin las operaciones que no tengan satisfecha la precedencia.

Del anterior listado debe eliminar las tareas que no tengan un tiempo disponible adecuado para la estación de trabajo, dado que las tareas A, B y F tienen un tiempo inferior al adecuado para la estación de trabajo que es de 10 minutos, el listado sin operaciones que no tengan un tiempo adecuado se corresponde con el listado sin operaciones que no tengan satisfecha la precedencia. Cualquiera de ellas A, B o F puede asignarse a la estación de trabajo 1. En el texto se ha elegido la tarea A para ser asignada a dicha estación.

Iteración 2 – Estación 1 disponible 5 minutos	
Listado de operaciones	A – B – C – D – E – F – G – H
Listado SIN operaciones que:	
Ya están asignadas	B – C – D – E – F – G – H
No tengan satisfecha la precedencia	B – F
No tengan un tiempo adecuado	B – F
Asigna	**Tarea B a la estación 1**
Quedan disponibles en la estación	**10 – 5 – 2 = 3 minutos**

El listado sin las operaciones que ya están asignadas se corresponde con el listado de operaciones al cual hay que eliminar la tarea A que ha sido asignada en la primera iteración.

De las tareas que configuran el listado sin las operaciones que ya están asignadas, solo las tareas B y F tienen satisfecha la relación de precedencia, las restantes no tienen satisfecha dicha relación por tanto no aparecen en el listado sin las operaciones que no tengan satisfecha la precedencia.

El listado sin operaciones que no tengan un tiempo adecuado se corresponde con el listado sin operaciones que no tengan satisfecha la precedencia dado que el tiempo de realización de las tareas B y F es inferior al tiempo disponible en la estación de trabajo. Cualquiera de ellas B o F puede asignarse a la estación de trabajo 1. Se ha elegido la tarea B.

Iteración 3 – Estación 1 disponible 3 minutos	
Listado de operaciones	A – B – C – D – E – F – G – H
Listado SIN operaciones que:	
Ya están asignadas	C – D – E – F – G – H
No tengan satisfecha la precedencia	C – D – F
No tengan un tiempo adecuado	D – F
Asigna	**Tarea D a la estación 1**
Quedan disponibles en la estación	**10 – 5 – 2 – 3 = 0 minutos**

Las operaciones A y B ya están asignadas. Solo tienen satisfecha la relación de precedencia las tareas C, D y F. Las tareas D y F tienen un tiempo de realización inferior al disponible en la estación de trabajo, por lo que una de ellas debe ser asignada a la primera estación.

Iteración 4 – Estación 2 disponible 10 minutos	
Listado de operaciones	A – B – C – D – E – F – G – H
Listado SIN operaciones que:	
Ya están asignadas	C – E – F – G – H
No tengan satisfecha la precedencia	C – E – F
No tengan un tiempo adecuado	C – E – F
Asigna	**Tarea C a la estación 2**
Quedan disponibles en la estación	**10 – 5 = 5 minutos**

Las operaciones A, B y D ya están asignadas. Solo tienen satisfecha la relación de precedencia las tareas C, E y F. Dichas tareas tienen un tiempo de realización inferior al disponible en la estación de trabajo, por lo que cualquiera de ellas puede ser asignada a la segunda estación.

Iteración 5 – Estación 2 disponible 5 minutos	
Listado de operaciones	A – B – C – D – E – F – G – H
Listado SIN operaciones que:	
Ya están asignadas	E – F – G – H
No tengan satisfecha la precedencia	E – F
No tengan un tiempo adecuado	E – F
Asigna	**Tarea E a la estación 2**
Quedan disponibles en la estación	**10 – 5 – 2 = 3 minutos**

Las operaciones A, B, C y D ya están asignadas. Solo tienen satisfecha la relación de precedencia las tareas E y F. Ambas tareas tienen un tiempo de realización inferior al disponible en la estación de trabajo, por lo que cualquiera de ellas puede ser asignada a la segunda estación.

Iteración 6 – Estación 2 disponible 3 minutos	
Listado de operaciones	A – B – C – D – E – F – G – H
Listado SIN operaciones que:	
Ya están asignadas	F – G – H
No tengan satisfecha la precedencia	F
No tengan un tiempo adecuado	F
Asigna	**Tarea F a la estación 2**
Quedan disponibles en la estación	10 – 5 – 2 – 3 = 0 minutos

La única tarea con la relación de precedencia satisfecha F tiene un tiempo de realización de 3 minutos, tiempo igual al disponible en la estación de trabajo por lo que debe ser asignada a dicha estación.

Iteración 7 – Estación 3 disponible 10 minutos	
Listado de operaciones	A – B – C – D – E – F – G – H
Listado SIN operaciones que:	
Ya están asignadas	G – H
No tengan satisfecha la precedencia	G
No tengan un tiempo adecuado	G
Asigna	**Tarea G a la estación 3**
Quedan disponibles en la estación	**10 – 4 = 6 minutos**

La única tarea con la relación de precedencia satisfecha G tiene un tiempo de realización de 4 minutos, tiempo inferior al disponible en la estación de trabajo por lo que debe ser asignada a dicha estación.

Iteración 8 – Estación 3 disponible 6 minutos	
Listado de operaciones	A – B – C – D – E – F – G – H
Listado SIN operaciones que:	
Ya están asignadas	H
No tengan satisfecha la precedencia	H
No tengan un tiempo adecuado	H
Asigna	**Tarea H a la estación 3**
Quedan disponibles en la estación	**10 – 4 – 4 = 2 minutos**

La única tarea con la relación de precedencia satisfecha H tiene un tiempo de realización de 4 minutos, tiempo inferior al disponible en la estación de trabajo por lo que debe ser asignada a dicha estación.

La asignación resultante se muestra en el gráfico siguiente:

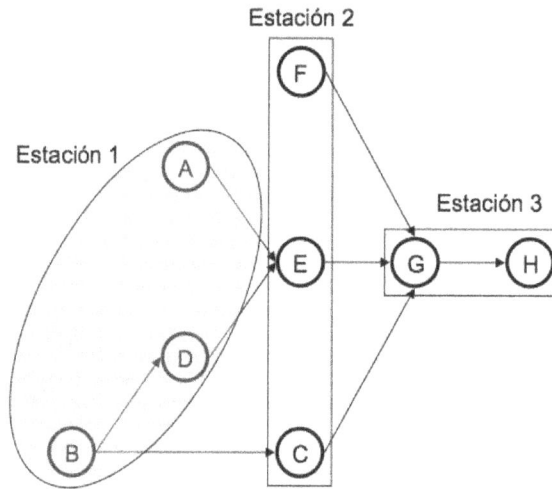

4. Calcule el tiempo de inactividad en cada ciclo.

$$\text{Tiempo ocioso total} = (\text{número de estaciones} \times \text{tiempo de ciclo}) - \sum_{j=1}^{n} \text{Tiempo para la tarea j}$$

$$\text{Tiempo ocioso total} = (3 \text{ estaciones} \times 10 \text{ min utos}) - 28 = 2 \text{ min utos}$$

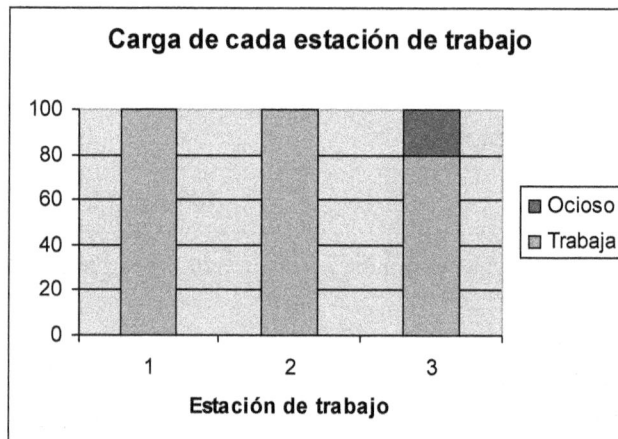

Ejercicio 7

La figura muestra el esquema de un edificio de 90 metros de largo y 60 de ancho, con los pasillos que lo conforman. En dicho edificio se pretende ubicar un taller de mecanizado que consta de seis áreas.

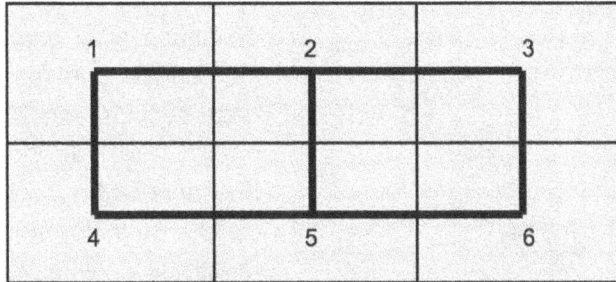

La previsión de desplazamientos mensual de cargas de material entre las distintas áreas se recoge en la tabla.

	Almacén	Soldadura	Taladros	Tornos	Fresadoras	Cizallas
Almacén		200	100			100
Soldadura				125	125	
Taladros		50		50	50	
Tornos	200					
Fresadoras	200					
Cizallas			50	25	25	

Halle el layout adecuado para el nuevo edificio.

Solución:

Solución inicial

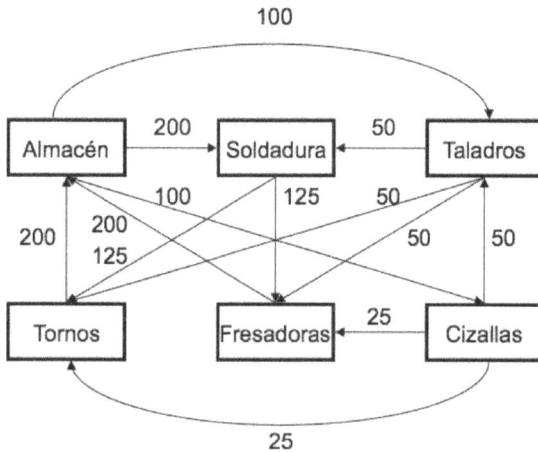

De las dimensiones del edificio indicadas en el enunciado del ejercicio de 90 metros de largo y 60 de ancho, y el esquema del mismo, se deduce que las dimensiones de cada sección son 30 metros de largo por 30 de ancho, de donde la distancia entre centros de salas es de 30 metros. Siguiendo el pasillo mostrado en el esquema del edificio, el coste de este layout es de:

Coste = (200 x 30) + (100 x 60) + (100 x 90) + (125 x 60) + (125 x 30) + (50 x 30) + (50 x 90) + (50 x 60) + (200 x 30) + (200 x 60) + (50 x 30) + (25 x 60) + (25 x 30) = 63.000 metros.

Iteración 1

Intercambiando las secciones de soldadura y almacén.

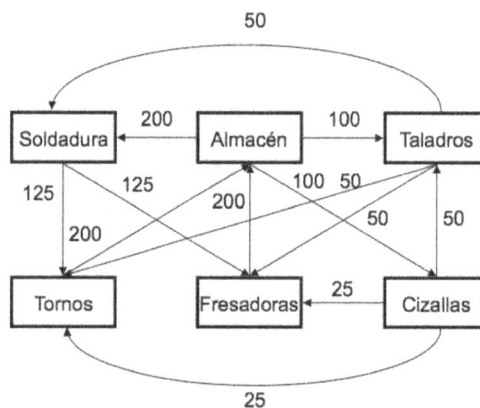

Coste = (200 x 30) + (100 x 30) + (100 x 60) + (125 x 30) + (125 x 60) + (50 x 60) + (50 x 90) + (50 x 60) + (200 x 60) + (200 x 30) + (50 x 30) + (25 x 60) + (25 x 30) = 58.500 metros.

Ejercicio 8

Una empresa dispone de 480 minutos diarios para la fabricación de uno de sus productos, cuya demanda diaria es de 80 unidades. Las tareas necesarias para la fabricación del mismo así como su duración se muestran en la tabla.

Tarea	Tiempo de realización (minutos)	Sigue a la tarea
A	3	
B	1	A
C	2	A
D	4	C
E	2	C
F	1	C
G	5	B, D, E, F

1. Dibuje el diagrama de precedencias.

2. Asigne las tareas a las estaciones de trabajo.

3. Determine la eficiencia de la línea y el tiempo muerto por ciclo.

Solución:

1. **Dibuje el diagrama de precedencias.**

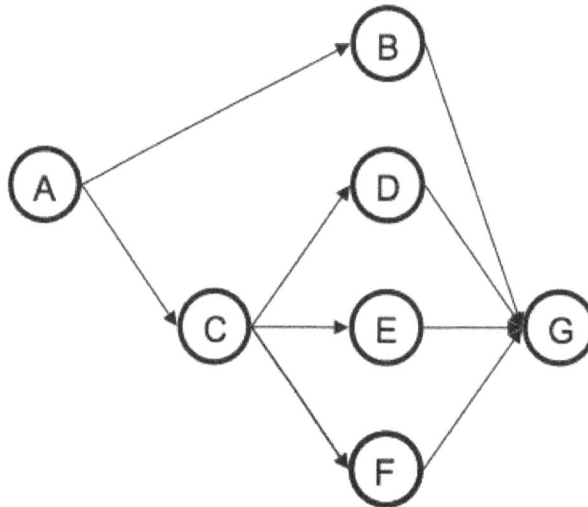

2. **Asigne las tareas a las estaciones de trabajo.**

$$\text{Tiempo de ciclo} = \frac{\text{Tiempo de producción disponible por día}}{\text{Demanda diaria de unidades}} = \frac{480 \text{ min utos}}{80 \text{ unidades}} = 6 \frac{\text{min utos}}{\text{unidad}}$$

Iteración 1 – Estación 1 disponible 6 minutos	
Listado de operaciones	A – B – C – D – E – F – G
Listado SIN operaciones que:	
Ya están asignadas	A – B – C – D – E – F – G
No tengan satisfecha la precedencia	A
No tengan un tiempo adecuado	A
Asigna	**Tarea A a la estación 1**
Quedan disponibles en la estación	**6 – 3 = 3 minutos**

Dado que no hay ninguna tarea asignada al ser la primera iteración, el listado sin las operaciones que ya están asignadas se corresponde con el listado de operaciones.

De las tareas que configuran el listado sin las operaciones que ya están asignadas, solo la tarea A tiene satisfecha la relación de precedencia, las restantes no tienen satisfecha dicha relación por tanto no aparecen en el listado sin las operaciones que no tengan satisfecha la precedencia.

Del anterior listado debe eliminar las tareas que no tengan un tiempo disponible adecuado para la estación de trabajo, dado que la tarea A tienen un tiempo inferior al adecuado para la estación de trabajo que es de 6 minutos, el listado sin operaciones que no tengan un tiempo adecuado se corresponde con el listado sin operaciones que no tengan satisfecha la precedencia. La tarea A debe asignarse a dicha estación de trabajo.

Iteración 2 – Estación 1 disponible 3 minutos	
Listado de operaciones	A – B – C – D – E – F – G
Listado SIN operaciones que:	
Ya están asignadas	B – C – D – E – F – G
No tengan satisfecha la precedencia	B – C
No tengan un tiempo adecuado	B – C
Asigna	**Tarea C a la estación 1**
Quedan disponibles en la estación	**6 – 3 – 2 = 1 minuto**

El listado sin las operaciones que ya están asignadas se corresponde con el listado de operaciones al cual hay que eliminar la tarea A que ha sido asignada en la primera iteración,

De las tareas que configuran el listado sin las operaciones que ya están asignadas, solo las tareas B y C tienen satisfecha la relación de precedencia, las restantes no tienen satisfecha dicha relación por tanto no aparecen en el listado sin las operaciones que no tengan satisfecha la precedencia.

El listado sin operaciones que no tengan un tiempo adecuado se corresponde con el listado sin operaciones que no tengan satisfecha la precedencia dado que el tiempo de realización de las tareas B y C es inferior al tiempo disponible en la estación de trabajo. Cualquiera de ellas B o C puede asignarse a la estación de trabajo 1. Se ha elegido la C para ser llevada a cabo en dicha estación.

Iteración 3 – Estación 1 disponible 1 minuto	
Listado de operaciones	A – B – C – D – E – F – G
Listado SIN operaciones que:	
Ya están asignadas	B – D – E – F – G
No tengan satisfecha la precedencia	B – D – E – F
No tengan un tiempo adecuado	B – F
Asigna	**Tarea F a la estación 1**
Quedan disponibles en la estación	**6 – 3 – 2 – 1 = 0 minutos**

Las operaciones A y C ya están asignadas. Solo tienen satisfecha la relación de precedencia las tareas B, D, E y F. Únicamente las tareas B y F tienen un tiempo de realización igual o inferior al disponible en la estación de trabajo, por lo que una de ellas debe ser asignada a la primera estación.

Iteración 4 – Estación 2 disponible 6 minutos	
Listado de operaciones	A – B – C – D – E – F – G
Listado SIN operaciones que:	
Ya están asignadas	B – D – E – G
No tengan satisfecha la precedencia	B – D – E
No tengan un tiempo adecuado	B – D – E
Asigna	**Tarea D a la estación 2**
Quedan disponibles en la estación	**6 – 4 = 2 minutos**

Las operaciones A, C y F ya están asignadas. Solo tienen satisfecha la relación de precedencia las tareas B, D y E. Dichas tareas tienen un tiempo de realización inferior al disponible en la estación de trabajo, por lo que cualquiera de ellas puede ser asignada a la segunda estación.

Iteración 5 – Estación 2 disponible 2 minutos	
Listado de operaciones	A – B – C – D – E – F – G
Listado SIN operaciones que:	
Ya están asignadas	B – E – G
No tengan satisfecha la precedencia	B – E
No tengan un tiempo adecuado	B – E
Asigna	**Tarea E a la estación 2**
Quedan disponibles en la estación	**6 – 4 – 2 = 0 minutos**

Las operaciones A, C, D y F ya están asignadas. Solo tienen satisfecha la relación de precedencia las tareas B y E. Ambas tareas tienen un tiempo de realización igual o inferior al disponible en la estación de trabajo, por lo que cualquiera de ellas puede ser asignada a la segunda estación.

Iteración 6 – Estación 3 disponible 6 minutos	
Listado de operaciones	A – B – C – D – E – F – G
Listado SIN operaciones que:	
Ya están asignadas	B – G
No tengan satisfecha la precedencia	B
No tengan un tiempo adecuado	B
Asigna	**Tarea B a la estación 3**
Quedan disponibles en la estación	**6 – 1 = 5 minutos**

La única tareas con la relación de precedencia satisfecha es la B que tienen un tiempo de realización inferior al disponible en la estación de trabajo por lo que debe ser asignada a dicha estación.

Iteración 7 – Estación 3 disponible 5 minutos	
Listado de operaciones	A – B – C – D – E – F – G
Listado SIN operaciones que:	
Ya están asignadas	G
No tengan satisfecha la precedencia	G
No tengan un tiempo adecuado	G
Asigna	**Tarea G a la estación 3**
Quedan disponibles en la estación	**6 – 1 – 5 = 0 minutos**

La única tarea con la relación de precedencia satisfecha G tiene un tiempo de realización igual al disponible en la estación de trabajo por lo que debe ser asignada a dicha estación.

La asignación resultante se muestra en el gráfico siguiente:

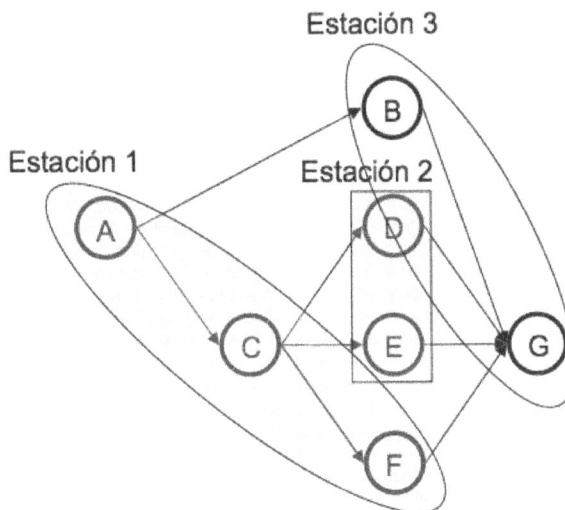

3. Determine la eficiencia de la línea y el tiempo muerto por ciclo.

$$\text{Eficiencia} = \frac{\sum_{j=1}^{n} \text{Tiempo para la tarea j}}{(\text{número de estaciones}) \times (\text{tiempo de ciclo})} \times 100$$

$$\text{Eficiencia} = \frac{18 \ \text{min utos}}{(3 \ \text{estaciones}) \times (6 \ \text{min utos})} \times 100 = 100 \ \%$$

$$\text{Tiempo ocioso total} = (\text{número de estaciones} \times \text{tiempo de ciclo}) - \sum_{j=1}^{n} \text{Tiempo para la tarea j}$$

$$\text{Tiempo ocioso total} = (3 \ \text{estaciones} \times 6 \ \text{min utos}) - 18 = 0 \ \text{min utos}$$

Capítulo 5: Gestión de inventarios

Ejercicio 1

Halle la expresión analítica del coste total de gestionar el inventario de un producto que compra directamente al proveedor, conociendo que la política de revisión del inventario de dicho producto es la política continua y que se admite rotura de inventario.

Solución:

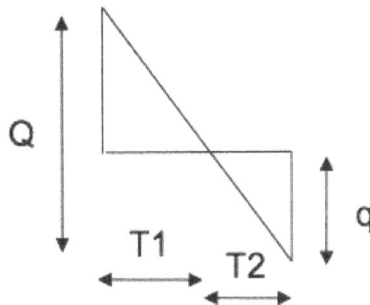

$$CT = CA + CL + CM + CR$$

$$CA = D \times p \qquad\qquad CL = c_l \times \frac{D}{Q}$$

$$CM = \left(\frac{T1 \times (Q - q)}{2} \times c_M \right) \times \frac{D}{Q} \qquad\qquad CR = \left[\left(\frac{T2 \times q}{2} \right) \times c_R \right] \times \frac{D}{Q}$$

$$CT = (D \times p) + \left(c_l \times \frac{D}{Q} \right) + \left[\left(\frac{T1 \times (Q - q)}{2} \times c_M \right) \times \frac{D}{Q} \right] + \left[\left[\left(\frac{T2 \times q}{2} \right) \times c_R \right] \times \frac{D}{Q} \right]$$

Donde D es la demanda por unidad de tiempo, p el precio unitario, c_l el coste unitario de lanzamiento, Q el lote económico de compra, T1 el tiempo de cobertura de inventario, q la rotura máxima de inventario, c_M el coste unitario de mantenimiento de inventario, T2 el tiempo de rotura de inventario, y c_R el coste unitario de rotura de inventario.

Ejercicio 2

Una empresa dedicada a la comercialización adquiere un producto en lotes de 800 unidades. Sabiendo que no dispone de inventario de dicho producto al principio del periodo, que el plazo de entrega del mismo es de dos días, y que los clientes están dispuestos a retrasar el pedido si es necesario, rellene la siguiente ficha que recoge la evolución del inventario de dicho producto en los diez próximos días.

Día	Demanda	Al inicio del periodo			Cantidad ordenada	Cantidad recibida
		Disponible	Pedido	Inventario		
1	390					
2	220					
3	470					
4	100					
5	150					
6	300					
7	190					
8	230					
9	670					
10	150					

Solución:

PASO 1: Calcule la media y la desviación estándar de la distribución de la demanda diaria.

$$\overline{D}_{diaria} = \frac{\sum_{i=1}^{10} D_i}{10} = \frac{2870}{10} = 287 \text{ unidades}$$

$$\sigma_{diaria} = \sqrt{\frac{\sum_{i=1}^{10}\left(x_i - \overline{D}\right)^2}{10}} = 167{,}5142 \text{ unidades}$$

PASO 2: Evalúe la media y la desviación estándar de la distribución de la demanda correspondiente al plazo de entrega de dos días.

$$\overline{D}_{PE} = \overline{D} \times 2 \text{ días} = 287 \times 2 = 574 \text{ unidades}$$

$$\sigma_{PE}^2 = \sigma_{dia\,1}^2 + \sigma_{dia\,2}^2 \quad \Rightarrow \quad \sigma_{PE}^2 = 2 \times \sigma_{diaria}^2 \quad \Rightarrow \quad \sigma_{PE} = \sqrt{2} \times \sigma_{diaria}$$

$$\sigma_{PE} = \sqrt{2} \times \sigma_{diaria} = \sqrt{2} \times 167{,}5142 = 237 \text{ unidades}$$

PASO 3: Halle el inventario de seguridad para un nivel de confianza del 95 %.

$$SS = z \times \sigma_{PE} = 1{,}65 \times 237 = 391 \text{ unidades}$$

PASO 4: Determine el nivel de inventario correspondiente al punto de pedido.

$$Q_{pp} = \overline{D}_{PE} + SS = 574 + 391 = 965 \text{ unidades}$$

PASO 5: Rellene la ficha que muestra la evolución del inventario del producto a lo largo de los próximos diez días.

Día	Demanda	Al inicio del periodo			Cantidad ordenada	Cantidad recibida
		Disponible	Pedido	Inventario		
1	390	0	0	0	800	0
2	220	- 390	800	410	800	0
3	470	- 610	1.600	990	0	0
4	100	- 280	800	520	800	800
5	150	420	800	1.220	0	800
6	300	270	800	1.070	0	0
7	190	770	0	770	800	800
8	230	580	800	1.380	0	0
9	670	350	800	1.150	0	0
10	150	480	0	480	800	800

Disponible inicio periodo i = Disponible inicio periodo (i - 1) + Cantidad recibida inicio periodo i – Demanda periodo (i – 1)

Inventario inicio periodo i = Disponible inicio periodo i + Pedido inicio periodo i

Cantidad ordenada = SI (Inventario inicio periodo i < Q_{pp}) $\Rightarrow$ Pedir un lote económico de Q = 800 unidades, en caso contrario no pedir.

Ejercicio 3

La tabla recoge los costes en euros por unidad a lo largo de medio año de una empresa dedicada a la comercialización de un producto.

Costes por unidad en medio año	Euros
Alquiler mensual del almacén	4.000
Consumo mensual de electricidad en el almacén	300
Coste mensual del personal de seguridad del almacén	1.200
Coste mensual de los operarios del almacén	2.000
Coste mensual del personal administrativo del almacén	1.600
Coste mensual del seguro del contenido del almacén	500
Coste de transporte del proveedor a la empresa	1.000
Coste de transporte de la empresa al cliente	1.000

Se conoce además:

- El margen obtenido en cada unidad alcanza los 20 euros.

- En promedio cada cliente acostumbra a adquirir unas 1.000 unidades al año.

- El control de recepción es llevado a cabo por una persona a dedicación total cuyo salario asciende a 1.600 euros mensuales.

- En dicho almacén se trabajan 160 horas mensuales.

- El tiempo dedicado por el personal administrativo del almacén a pasar un pedido es de 12 minutos.

- **El lote económico de compra de dicho producto es de 500 unidades.**

Determine el coste total de lanzamiento, así como los costes totales de mantenimiento y de rotura de inventario. No se consideran costes de pérdida de imagen.

Solución:

Coste por hora del personal administrativo del almacén.

$$\frac{1.600}{160} \frac{\text{euros}/\text{mes}}{\text{horas}/\text{mes}} = 10 \frac{\text{euros}}{\text{hora}}$$

Coste administrativo de pasar un pedido.

$$10 \frac{\text{euros}}{\text{hora}} \times 12 \frac{\text{min utos}}{\text{pedido}} \times \frac{1}{60} \frac{\text{hora}}{\text{min utos}} = 2 \frac{\text{euros}}{\text{pedido}}$$

Número de pedidos anuales que debe realizar.

$$N = \frac{D}{Q} = \frac{1.000}{500} \frac{\text{unidades}/\text{año}}{\text{unidades}/\text{pedido}} = 2 \frac{\text{pedidos}}{\text{año}}$$

Coste anual de lanzamiento.

Forman parte del coste de lanzamiento, el coste administrativo de pasar un pedido, los costes de transporte del proveedor a la empresa y de la empresa al cliente, y el coste del control de recepción.

$$CL = \left[2 \frac{\text{euros}}{\text{pedido}} + 2.000 \frac{\text{euros}}{\text{pedido}} + 1.600 \frac{\text{euros}}{\text{mes}} \times 12 \frac{\text{meses}}{\text{año}} \times \frac{1}{2} \frac{\text{año}}{\text{pedidos}} \right] \times 2 \frac{\text{pedidos}}{\text{año}}$$

Coste anual de mantenimiento.

Forman parte del coste de mantenimiento, el alquiler del almacén, la electricidad del almacén, el personal de seguridad del almacén, los operarios del almacén, y la póliza de seguro.

$$CM = \left(4.000 + 300 + 1.200 + 2.000 + 500\right)\frac{\text{euros}}{\text{mes}} \times 12\, \frac{\text{meses}}{\text{año}}$$

Coste de rotura si no admite retrasar los pedidos.

$$CR = 20\, \frac{\text{euros}}{\text{unidad}} \times 1.000\, \frac{\text{unidades}}{\text{año}}$$

Ejercicio 4

Una empresa dedicada a la comercialización, aplica el lote económico a un producto cuyas características son las siguientes: demanda diaria promedio 100 unidades, tiempo de entrega 4 días, desviación estándar de la demanda diaria 80 unidades, nivel de servicio deseado del 95%, coste unitario de lanzamiento 8 euros, tasa de interés del 5% y precio unitario 200 euros. Sabiendo que la política de revisión del inventario de dicho producto es periódica, que la empresa trabaja 5 días a la semana durante 50 semanas al año, y que el inventario de dicho producto disponible al principio del periodo es de 300 unidades, rellene la siguiente ficha que recoge la evolución del inventario de dicho producto a lo largo de los próximos 15 días. Se permite retrasar el pedido en caso necesario.

Día	Demanda	Al inicio del periodo			Cantidad ordenada	Cantidad recibida
		Disponible	Pedido	Inventario		
1	120					
2	80					
3	110					
4	150					
5	50					
6	130					
7	120					
8	170					
9	60					
10	100					
11	20					
12	100					
13	110					
14	140					
15	50					

Solución:

PASO 1: Calcule el plazo óptimo entre pedidos.

$$D_{anual} = 5 \frac{días}{semana} \times 50 \frac{semanas}{año} \times 100 \frac{unidades}{día} = 25.000 \frac{unidades}{año}$$

$$PP = \sqrt{\frac{2 \times 8 \text{ euros}}{0,05 \frac{\%}{año} \times 200 \frac{euros}{unidad} \times 25.000 \frac{unidades}{año}}} = 0,008 \text{ años}$$

$$PP = 5 \frac{días}{semana} \times 50 \frac{semanas}{año} \times 0,008 \text{ años} = 2 \text{ días}$$

PASO 2: Evalúe la media y la desviación estándar de la distribución de la demanda correspondiente al plazo de entrega más el plazo entre pedidos.

$$PE + PP = 4 \text{ días} + 2 \text{ días} = 6 \text{ días}$$

$$\overline{D}_{PE+PP} = \overline{D} \times 6 \text{ días} = 100 \times 6 = 600 \text{ unidades}$$

$$\sigma^2_{PE+PP} = \sigma^2_{dia1} + \sigma^2_{dia2} + \sigma^2_{dia3} + \sigma^2_{dia4} + \sigma^2_{dia5} + \sigma^2_{dia6}$$

$$\sigma^2_{PE+PP} = 6 \times \sigma^2_{diaria} \implies \sigma_{PE+PP} = \sqrt{6} \times \sigma_{diaria} = \sqrt{6} \times 80 = 196 \text{ unidades}$$

PASO 3: Halle el inventario de seguridad para un nivel de confianza del 95 %.

$$SS = z \times \sigma_{PE+PP} = 1,65 \times 196 = 323,40 \text{ unidades}$$

PASO 4: Determine el nivel máximo de inventario.

$$SMAX = \overline{D}_{PE+PP} + SS = 600 + 323,40 = 923,40 \text{ unidades}$$

PASO 5: Rellene la ficha que muestra la evolución del inventario del producto a lo largo de los próximos quince días.

Día	Demanda	Al inicio del periodo			Cantidad ordenada	Cantidad recibida
		Disponible	Pedido	Inventario		
1	120	300	0	300	623	0
2	80	180	623	803	0	0
3	110	100	623	723	200	0
4	150	- 10	823	813	0	0
5	50	463	200	663	260	623
6	130	413	460	873	0	0
7	120	483	260	743	180	200
8	170	363	440	803	0	0
9	60	453	180	633	290	260
10	100	393	470	863	0	0
11	20	473	290	763	160	180
12	100	453	450	903	0	0
13	110	643	160	803	120	290
14	140	533	280	813	0	0
15	50	553	120	673	250	160

Disponible inicio periodo i = Disponible inicio periodo (i - 1) + Cantidad recibida inicio periodo i – Demanda periodo (i – 1)

Inventario inicio periodo i = Disponible inicio periodo i + Pedido inicio periodo i

Cantidad ordenada = SMAX - Inventario inicio periodo i.

Ejercicio 5

Una empresa consume 500.000 unidades al año de un producto cuyo coste fijo de compra asciende a 100 euros, siendo los costes del capital invertido, seguros e impuestos sobre el inventario promedio del orden del 10 % del valor de éste, y el coste de almacenamiento de 0,05 euros por unidad y mes. El coste unitario es de 10 euros por unidad si compra menos de 10.000 unidades, 9 euros por unidad si compra entre 10.000 y 30.000 unidades, 8 euros por unidad si compra entre 30.000 y 50.000 unidades y 7 euros por unidad si compra más de 50.000 unidades. Determine el lote óptimo de compra.

Solución:

PASO 1: Calcule el lote económico para cada nivel de precios.

$$Q_1 = \sqrt{\frac{2 \times 100 \text{ euros} \times 500000 \frac{\text{unidades}}{\text{año}}}{\left(0,10 \frac{}{\text{año}} \times 10 \frac{\text{eusos}}{\text{unidad}}\right) + \left(0,05 \frac{\text{eusos}}{\text{unidad mes}} \times 12 \frac{\text{meses}}{\text{año}}\right)}} = 7.905 \text{ unidades}$$

$$Q_2 = \sqrt{\frac{2 \times 100 \text{ euros} \times 500000 \frac{\text{unidades}}{\text{año}}}{\left(0,10 \frac{}{\text{año}} \times 9 \frac{\text{eusos}}{\text{unidad}}\right) + \left(0,05 \frac{\text{eusos}}{\text{unidad mes}} \times 12 \frac{\text{meses}}{\text{año}}\right)}} = 8.165 \text{ unidades}$$

$$Q_3 = \sqrt{\frac{2 \times 100 \text{ euros} \times 500000 \frac{\text{unidades}}{\text{año}}}{\left(0,10 \frac{}{\text{año}} \times 8 \frac{\text{eusos}}{\text{unidad}}\right) + \left(0,05 \frac{\text{eusos}}{\text{unidad mes}} \times 12 \frac{\text{meses}}{\text{año}}\right)}} = 8.451 \text{ unidades}$$

$$Q_4 = \sqrt{\frac{2 \times 100 \text{ euros} \times 500000 \frac{\text{unidades}}{\text{año}}}{\left(0,10 \frac{}{\text{año}} \times 7 \frac{\text{eusos}}{\text{unidad}}\right) + \left(0,05 \frac{\text{eusos}}{\text{unidad mes}} \times 12 \frac{\text{meses}}{\text{año}}\right)}} = 8.770 \text{ unidades}$$

PASO 2: Evalúe cuales de los lotes calculados en el paso anterior son o no candidatos a lote óptimo.

p		Q	
10	< 10.000	7.905	Q_1 dentro intervalo $\Rightarrow$ Posible óptimo
9	10.000 30.000	8.165	Q_2 fuera del intervalo $\Rightarrow$ No óptimo
8	30.000 50.000	8.451	Q_3 fuera del intervalo $\Rightarrow$ No óptimo
7	> 50.000	8.770	Q_4 fuera del intervalo $\Rightarrow$ No óptimo

PASO 3: Calcule el coste de los candidatos a lote económico óptimo.

Son candidatos a óptimo los valores umbrales y Q_1.

$$CT = CA + CL + CM = (D \times p) + \left(c_1 \times \frac{D}{Q}\right) + \left(\frac{1}{2} \times Q \times c_M\right)$$

$$CT(7.905) = (500.000 \times 10) + \left(100 \times \frac{500.000}{7.905}\right) + \left(\frac{1}{2} \times 7.905 \times 1,6\right) = 5.012.649 \frac{euros}{año}$$

$$CT(10.000) = (500.000 \times 9) + \left(100 \times \frac{500.000}{10.000}\right) + \left(\frac{1}{2} \times 10.000 \times 1,5\right) = 4.512.500 \frac{euros}{año}$$

$$CT(30.000) = (500.000 \times 8) + \left(100 \times \frac{500.000}{30.000}\right) + \left(\frac{1}{2} \times 30.000 \times 1,4\right) = 4.022.667 \frac{euros}{año}$$

$$CT(50.000) = (500.000 \times 7) + \left(100 \times \frac{500.000}{50.000}\right) + \left(\frac{1}{2} \times 50.000 \times 1,3\right) = 3.533.500 \frac{euros}{año}$$

El lote económico de compra es de 50.000 unidades.

Ejercicio 6

El inventario de un producto fabricado por una empresa está limitado a un máximo de 200 unidades. El coste de mantenimiento unitario del producto es de 24 euros al año, siendo su coste de lanzamiento de 100 euros por pedido, y la demanda diaria de 50 unidades, no admitiéndose rotura de inventario. Conociendo que la empresa trabaja 20 días al mes, determine el ritmo de producción diario necesario así como el lote económico de fabricación que minimice el coste de gestión del inventario de dicho producto.

Solución:

$$D = 50 \frac{\text{unidades}}{\text{día}} \times 20 \frac{\text{días}}{\text{mes}} = 1000 \frac{\text{unidades}}{\text{mes}}$$

$$c_M = 24 \frac{\text{euros}}{\text{unidad} \cdot \text{año}} \times \frac{1}{12} \frac{\text{año}}{\text{meses}} = 2 \frac{\text{euros}}{\text{unidad} \cdot \text{mes}}$$

Aplicando las expresiones del lote económico de fabricación y del inventario máximo, obtiene el sistema de ecuaciones siguiente:

$$\overline{Q} = \sqrt{\frac{2 \cdot c_L \cdot D}{c_M \cdot \left(1 - \frac{D}{P}\right)}} \quad \Rightarrow \quad \overline{Q} = \sqrt{\frac{2 \times 100 \text{ euros} \times 1000 \text{ unidades/mes}}{2 \frac{\text{euros}}{\text{unidad mes}} \times \left(1 - \frac{1000}{P} \frac{\text{unidades/mes}}{\text{unidades/mes}}\right)}}$$

$$Q = \left(1 - \frac{D}{P}\right) \cdot \overline{Q} \quad \Rightarrow \quad 200 = \left(1 - \frac{1000}{P} \frac{\text{unidades/mes}}{\text{unidades/mes}}\right) \cdot \overline{Q}$$

Gestión de inventarios

Resolviendo el anterior sistema de ecuaciones, resulta:

$$200 = \left(1 - \frac{1000}{P}\right) \cdot \sqrt{\frac{100000}{\left(1 - \frac{1000}{P}\right)}} \qquad \rightarrow \qquad P = 1.666,67 \, \frac{\text{unidades}}{\text{mes}}$$

$$200 = \left(1 - \frac{1000}{1666,67}\right) \cdot \overline{Q} \qquad \rightarrow \qquad \overline{Q} = 500 \text{ unidades}$$

De donde el ritmo de producción diario:

$$P = 1.666,67 \, \frac{\text{unidades}}{\text{mes}} \times \frac{1}{20} \frac{\text{mes}}{\text{días}} = 83,33 \, \frac{\text{unidades}}{\text{día}}$$

Ejercicio 7

La demanda anual de un producto cuya política de revisión de inventarios es continua, es de 1.100 unidades. La empresa trabaja 5 días a la semana a lo largo de 4 semanas cada mes durante 11 meses al año. Los costes unitarios de lanzamiento de dicho producto son de 100 euros, la tasa de oportunidad de la empresa es del 10 % y el valor unitario de dicho producto es de 330 euros. El ritmo de producción es de 1.320 unidades al año y el plazo de entrega estimado es de 9 semanas. Conociendo que trata de un componente fundamental para la industria aeronáutica, lo que obliga a la empresa a no quedarse sin inventario de dicho producto, rellene la siguiente ficha de inventario de dicho producto a lo largo de los próximos 6 meses.

Semana	Disponible al inicio del periodo	Producción periodo	Demanda periodo	Inventario final del periodo	Cantidad ordenada
Marzo 1					
Marzo 2					
Marzo 3					
Marzo 4					
Abril 1					
Abril 2					
Abril 3					
Abril 4					
Mayo 1					
Mayo 2					
Mayo 3					
Mayo 4					
Junio 1					
Junio 2					
Junio 3					
Junio 4					
Julio 1	FESTIVO				
Agosto 1					
Agosto 2					
Agosto 3					
Agosto 4					

Solución:

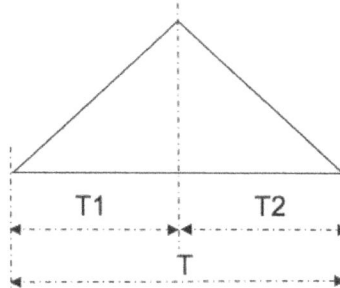

PASO 1: Calcule el lote económico de fabricación y el inventario máximo.

$$\bar{Q} = \sqrt{\dfrac{2 \times 100 \text{ euros} \times 1.100 \text{ unidades/año}}{10 \dfrac{\%}{\text{anual}} \times 330 \dfrac{\text{euros}}{\text{unidad}} \times \left[1 - \dfrac{1.100 \text{ unidades/año}}{1.320 \text{ unidades/año}}\right]}} = 200 \text{ unidades}$$

$$Q = \left[1 - \dfrac{1.100}{1.320}\right] \times 200 = 33{,}33 \text{ unidades}$$

PASO 2: Calcule el tiempo de llenado (tiempo de fabricación), el tiempo de vaciado, y el tiempo de ciclo.

$$T1 = \dfrac{\bar{Q}}{P} = \dfrac{200 \text{ unidades}}{1.320 \dfrac{\text{unidades}}{\text{año}}} = 0{,}1515 \text{ años} \quad \rightarrow \quad 0{,}1515 \text{ años} \times 44 \dfrac{\text{semanas}}{\text{año}} = 6{,}66 \text{ semanas}$$

$$T2 = \dfrac{Q}{D} = \dfrac{33{,}33 \text{ unidades}}{1.100 \dfrac{\text{unidades}}{\text{año}}} = 0{,}0303 \text{ años} \quad \rightarrow \quad 0{,}0303 \text{ años} \times 44 \dfrac{\text{semanas}}{\text{año}} = 1{,}33 \text{ semanas}$$

$$T = T1 + T2 = 6{,}66 \text{ semanas} + 1{,}33 \text{ semanas} = 8 \text{ semanas}$$

PASO 3: Calcule el punto de pedido.

$$m = ENT\left(\frac{PE}{T}\right) = ENT\left(\frac{9 \text{ semanas}}{8 \text{ semanas}}\right) = 1$$

Punto de pedido ubicado en la zona de vaciado.

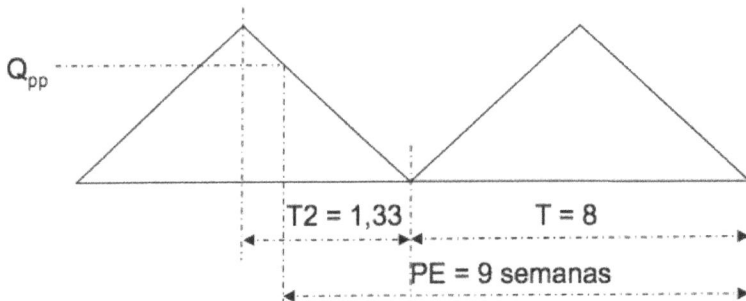

$$Q_{pp} = (D \times PE) - \left(m \times \overline{Q}\right)$$

$$Q_{pp} = \left(1.100 \,\frac{\text{unidades}}{\text{año}} \times 9 \text{ semanas} \times \frac{1}{44} \frac{\text{año}}{\text{semanas}}\right) - \left(1 \times 200 \text{ unidades}\right) = 25 \text{ unidades}$$

Semana	Disponible al inicio del periodo	Producción periodo	Demanda periodo	Inventario final del periodo	Cantidad ordenada
Marzo 1	0	0	25	0	200
Marzo 2	0	0	25	0	0
Marzo 3	0	0	25	0	0
Marzo 4	0	0	25	0	0
Abril 1	0	0	25	0	0

Semana	Disponible al inicio del periodo	Producción periodo	Demanda periodo	Inventario final del periodo	Cantidad ordenada
Abril 2	0	0	25	0	0
Abril 3	0	0	25	0	0
Abril 4	0	0	25	0	0
Mayo 1	0	0	25	0	200
Mayo 2	0	0	25	0	0
Mayo 3	0	30	25	5	0
Mayo 4	5	30	25	10	0
Junio 1	10	30	25	15	0
Junio 2	15	30	25	20	0
Junio 3	20	30	25	25	0
Junio 4	25	30	25	30	0
Julio 1	FESTIVO				
Agosto 1	30	20	25	25	200
Agosto 2	25		25	0	
Agosto 3	0	30	25	5	
Agosto 4	5	30	25	10	

Ejercicio 8

Una empresa tiene una demanda anual de 10.000 unidades de su producto estrella que fabrica a un coste unitario de 10 euros. El coste anual de posesión de inventario se estima en un 10 % del valor almacenado y el coste de puesta en marcha del proceso productivo en 500 euros. El proceso de producción de dicho producto tiene una capacidad de producción anual de 20.000 unidades. La empresa trabaja 250 días al año. Suponiendo que el plazo desde la emisión de una orden hasta la recepción de las primeras unidades es de 10 días, determine:

1. El tamaño del lote de producción que minimice el coste.

2. El número de lotes a fabricar a lo largo del año.

3. La duración de cada ciclo de fabricación.

4. El nivel máximo de inventarios.

5. El tiempo de reaprovisionamiento.

6. El coste total anual.

7. El punto de pedido.

Solución:

1. El tamaño del lote de producción que minimice el coste.

$$\overline{Q} = \sqrt{\frac{2 \times 500 \times 10000}{(0,10 \times 10) \times \left[1 - \dfrac{10000}{20000}\right]}} = 4.472 \text{ unidades}$$

2. El número de lotes a fabricar a lo largo del año.

$$N = \frac{D}{\overline{Q}} = \frac{10.000}{4.472} = 2,24 \frac{\text{pedidos}}{\text{año}}$$

3. La duración de cada ciclo de fabricación.

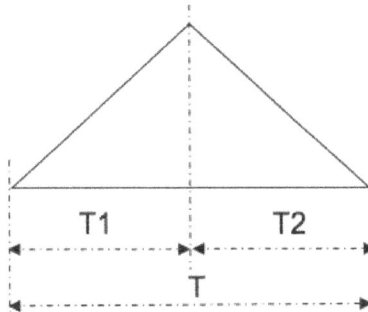

$$T1 = \frac{\overline{Q}}{P} = \frac{4.472}{20.000} \frac{\text{unidades}}{\text{unidades/año}} = 0,2236 \text{ años} \quad \rightarrow \quad 0,2236 \text{ años} \times \frac{250}{1} \frac{\text{días}}{\text{año}} = 56 \text{ días}$$

4. El nivel máximo de inventarios.

$$Q = \left[1 - \frac{D}{P}\right] \cdot \overline{Q} = \left[1 - \frac{10000}{20000}\right] \times 4.472 = 2.236 \text{ unidades}$$

5. El tiempo de reaprovisionamiento.

$$T2 = \frac{Q}{D} = \frac{2.236}{10.000} \frac{\text{unidades}}{\text{unidades/año}} = 0,2236 \text{ años} \quad \rightarrow \quad 0,2236 \text{ años} \times \frac{250}{1} \frac{\text{días}}{\text{año}} = 56 \text{ días}$$

$$T = T1 + T2 = 56 + 56 = 112 \text{ días}$$

6. El coste total anual.

$$CT = \frac{K + \left(c \times \overline{Q}\right) + \left(c_M \times T \times \frac{Q}{2}\right)}{\frac{\overline{Q}}{D}}$$

$$CT = \frac{500 + \left(10 \times 4472\right) + \left(\left(0,10 \times 10\right) \times 112 \times \frac{2236}{2}\right)}{\frac{4.472}{10.000}} = 381.118 \frac{\text{euros}}{\text{año}}$$

7. El punto de pedido.

$$m = ENT\left(\frac{PE}{T}\right) = ENT\left(\frac{10}{112}\right) = 0$$

$$PE < T2 \quad \Rightarrow \quad Q_{pp} = D \times PE$$

$$Q_{pp} = D \times PE = \left(10.000 \frac{\text{unidades}}{\text{año}} \times \frac{1}{250} \frac{\text{año}}{\text{días}}\right) \times 10 \text{ días} = 400 \text{ unidades}$$

Ejercicio 9

Entre dos secciones de una empresa existe una relación proveedor cliente. La demanda diaria sigue una distribución normal de media 90 unidades y desviación estándar de 10 unidades. La sección que actúa de cliente realiza la gestión de inventarios de acuerdo con un modelo de periodo fijo con los datos que recoge la tabla.

Coste de misión de un pedido	11.250 euros
Coste de posesión de inventario	1 euro unidad y día

Siendo la tasa diaria de producción de la sección productora de 100 unidades día y el tiempo de suministro de 14 días. Sabiendo que la empresa trabaja 300 días al año, determine:

1. El periodo de tiempo óptimo entre dos pedidos sucesivos.

2. El nivel de servicio si no mantuviese inventario de seguridad.

3. El nivel máximo de inventario para un riesgo de rotura del 5 %.

4. La cantidad a pedir, si en el momento del pedido las existencias fuesen de 200 unidades.

Solución:

1. El periodo de tiempo óptimo entre dos pedidos sucesivos.

$$PP = \frac{Q}{D} = \sqrt{\frac{2 \cdot c_1}{c_M \cdot \left(1 - \dfrac{D}{P}\right) \cdot D}}$$

$$PP = \sqrt{\frac{2 \times 11250 \text{ euros}}{1\dfrac{\text{euro}}{\text{unidad} \cdot \text{día}} \times \left(1 - \dfrac{90 \text{ unidades/día}}{100 \text{ unidades/día}}\right) \times 90 \dfrac{\text{unidades}}{\text{día}}}} = 50 \text{ días}$$

2. El nivel de servicio si no mantuviese inventario de seguridad.

$$SMAX = \overline{D}_{PP+PE} + SS = \overline{D}_{PP+PE} + 0 = \overline{D}_{PP+PE} \quad \Rightarrow \quad \text{Nivel de servicio} = 50\%$$

3. El nivel máximo de inventario para un riesgo de rotura del 5 %.

$$PP + PE = 50 + 14 = 64 \text{ días}$$

$$\overline{D}_{PP+PE} = 90 \frac{\text{unidades}}{\text{día}} \times 64 \text{ días} = 5.760 \text{ unidades}$$

$$\sigma_{PP+PE} = \sqrt{64} \text{ días} \times 10 \frac{\text{unidades}}{\text{día}} = 80 \text{ unidades}$$

$$SS = z \times \sigma_{PP+PE} = 1,65 \times 80 = 132 \text{ unidades}$$

$$SMAX = \overline{D}_{PP+PE} + SS = 5.760 + 132 = 5.892 \text{ unidades}$$

4. La cantidad a pedir, si en el momento del pedido las existencias fuesen de 200 unidades.

$$SMAX - Stock = 5.892 - 200 = 5.692 \text{ unidades}$$

Ejercicio 10

La sección de montaje de una empresa consume diariamente 64 unidades de una pieza que fabrica la propia empresa a razón de 160 unidades diarias. El tiempo de suministro es de 10 días desde el momento de la emisión de la orden hasta la recepción de las primeras unidades. Los costes de emisión ascienden a 120 euros por lote, y los costes de posesión se han estimado en 0,1 euros por unidad y mes. Sabiendo que emplea un modelo de cantidad fija de pedido sin posibilidad de ruptura de inventario, y que el periodo de gestión es de 10 meses durante los que se consumirán 10.000 unidades, se desea conocer:

1. El lote económico.

2. El tiempo de fabricación, el tiempo de ciclo y el tiempo de vaciado de la cantidad almacenada.

3. El punto de pedido.

4. El punto de pedido si el tiempo de suministro son 40 días.

Solución:

1. El lote económico.

$$D = \frac{10.000}{10} \frac{\text{unidades}}{\text{meses}} = 1.000 \frac{\text{unidades}}{\text{mes}}$$

$$\overline{Q} = \sqrt{\frac{2 \times 120 \text{ euros} \times 1000 \text{ unidades/mes}}{0,1 \dfrac{\text{euros}}{\text{unidad} \cdot \text{mes}} \times \left(1 - \dfrac{64 \text{ unidades/día}}{160 \text{ unidades/día}}\right)}} = 2.000 \text{ unidades}$$

2. El tiempo de fabricación, el tiempo de ciclo y el tiempo de vaciado de la cantidad almacenada.

$$T_{fabricación} = \frac{\overline{Q}}{P} = \frac{2.000}{160} \frac{unidades}{unidades/día} = 12,50 \text{ días}$$

$$T = \frac{\overline{Q}}{D} = \frac{2.000}{64} \frac{unidades}{unidades/día} = 31,25 \text{ días}$$

$$T_{vaciado} = 31,25 - 12,50 = 18,75 \text{ días}$$

3. El punto de pedido.

$$PE < T \quad \Rightarrow \quad Q_{pp} = D \times PE$$

$$Q_{pp} = 64 \frac{unidades}{día} \times 10 \text{ días} = 640 \text{ unidades}$$

4. El punto de pedido si el tiempo de suministro son 40 días.

$$PE > T \quad \Rightarrow \quad Q_{pp} = (D \times PE) - (m \times \overline{Q}) - (P \times t)$$

$$m = ENT\left(\frac{PE}{T}\right) = ENT\left(\frac{50}{31,25}\right) = 1$$

$$Q_{pp} = (64 \times 40) - (1 \times 2000) - 0 = 560 \text{ unidades}$$

Ejercicio 11

La demanda diaria de un producto fabricado y comercializado por una empresa es de 500 unidades. Dicho producto requiere un componente (una unidad de componente por cada producto) que le es suministrado por un proveedor en las condiciones que recoge la tabla.

Precio unitario	300 euros
Coste de emisión de un pedido	6.000 euros
Coste anual unitario de posesión	10 %

En caso de rotura de inventario deberá reponer la demanda insatisfecha de forma urgente en el momento que reciba el lote correspondiente al siguiente periodo, lo que ocasiona unos costes de 1 euro por unidad y día de retraso. Sabiendo que la empresa utiliza el modelo de de cantidad fija de pedido para la gestión de sus inventarios y que el periodo de gestión es de 300 días, calcule:

1. El lote económico de compra del componente.

2. La demanda insatisfecha máxima en cada ciclo.

3. El tiempo de ruptura de inventario.

4. El intervalo de tiempo durante el cual la demanda se satisface sin retraso.

5. El punto de pedido para un tiempo de suministro de 8 días.

Solución:

1. El lote económico de compra del componente.

$$D = 500 \, \frac{\text{unidades}}{\text{día}} \times \frac{300}{1} \, \frac{\text{días}}{\text{año}} = 150.000 \, \frac{\text{unidades}}{\text{año}}$$

$$c_M = 10 \, \frac{\%}{\text{año}} \times 300 \, \frac{\text{euros}}{\text{unidad}} = 30 \, \frac{\text{euros}}{\text{unidad} \cdot \text{año}}$$

$$c_R = 1 \, \frac{\text{euros}}{\text{unidad} \cdot \text{día}} \times \frac{300}{1} \, \frac{\text{días}}{\text{año}} = 300 \, \frac{\text{euros}}{\text{unidad} \cdot \text{año}}$$

$$Q = \sqrt{\frac{2 \times 6.000 \, \text{euros} \times 150.000 \, \text{unidades/año}}{30 \, \text{euros/unidad} \cdot \text{año}}} \cdot \sqrt{\frac{30 + 300}{300}} = 8.124 \, \text{unidades}$$

2. La demanda insatisfecha máxima en cada ciclo.

$$q = \frac{30 \, \dfrac{\text{euros}}{\text{unidad} \cdot \text{año}} \times 8.124 \, \text{unidades}}{30 \, \dfrac{\text{euros}}{\text{unidad} \cdot \text{año}} + 300 \, \dfrac{\text{euros}}{\text{unidad} \cdot \text{año}}} = 738,55 \, \text{unidades}$$

3. El tiempo de ruptura de inventario.

$$T_{\text{rotura}} = \frac{q}{D} = \frac{738,55 \, \text{unidades}}{500 \, \dfrac{\text{unidades}}{\text{día}}} = 1,48 \, \text{días}$$

4. El intervalo de tiempo durante el cual la demanda se satisface sin retraso.

$$T = \frac{Q}{D} = \frac{8.124 \text{ unidades}}{500 \dfrac{\text{unidades}}{\text{día}}} = 16{,}25 \text{ días}$$

$$T_{cobertura} = T - T_{rotura} = 16{,}25 - 1{,}48 = 14{,}77 \text{ días}$$

5. El punto de pedido para un tiempo de suministro de 8 días.

$$PE < T \quad \Rightarrow \quad Q_{PP} = D \times \left(PE - T_{rotura}\right)$$

$$Q_{PP} = 500 \frac{\text{uniades}}{\text{día}} \times \left(8 - 1{,}48\right) \text{días} = 3.260 \text{ unidades}$$

Ejercicio 12

Dado un producto cuyos datos para los próximos tres meses se recogen en la tabla.

Mes	1	2	3
Demanda en unidades	4	2	3
Costes de producción			
Coste fijo	100 euros	150 euros	125 euros
Coste unitario variable	20 euros	15 euros	25 euros

El coste unitario de mantenimiento 30 euros mes, el inventario inicial 2 unidades y el inventario final deseado 0. Determine el coste óptimo de ir desde principio del mes dos hasta finales del mes tres suponiendo que entra en el segundo mes sin inventario.

Solución:

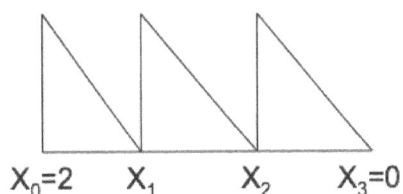

$X_0=2$ X_1 X_2 $X_3=0$

Etapa 3

X_2	$U_3 = 1$	$U_3 = 2$	$U_3 = 3$
0			125 + 75 + 0 + 0 = 200
1		125 + 50 + 0 + 0 = 175	
2	125 + 25 + 0 + 0 = 150		
3			

Etapa 2

X1	$U_2 = 2$	$U_2 = 3$	$U_2 = 4$	$U_2 = 5$
0	150 + 30 + 0 + 200 = 380	150 + 45 + 30 + 175 = 400	150 + 60 + 60 + 150 = 420	150 + 75 + 90 + 0 = 315

El coste óptimo de ir desde principio del segundo mes hasta final del tercer mes suponiendo que entra en el segundo mes sin inventario es de 315 euros.

Ejercicio 13

Las necesidades de un producto para las próximas 6 semanas son 180, 170, 340, 470, 150 y 400, con una demanda anual estimada de 20.000 unidades. El coste semanal de mantenimiento es de 1 euro cada unidad de una semana a otra, el coste de emisión de cada pedido es de 200 euros. La empresa trabaja anualmente 50 semanas. Evalúe cual de las siguientes técnicas de cálculo del lote resulta más económica:

1. Cantidad económica de pedido (Lote económico EOQ).

2. Periodo constante (Lote económico aproximación por intervalo).

Solución:

1. Cantidad económica de pedido (Lote económico EOQ).

$$Q = \sqrt{\dfrac{2 \times 200 \text{ euros} \times 20000 \dfrac{\text{unidades}}{\text{año}} \times \dfrac{1}{50} \dfrac{\text{año}}{\text{semanas}}}{1 \dfrac{\text{euros}}{\text{unidad} \cdot \text{semana}}}} = 400 \text{ unidades}$$

Periodo	1	2	3	4	5	6
Demanda	180	170	340	470	150	400
Recepciones	400	0	400	400	400	400
Stock Final	220	50	110	40	290	290
COSTES						
Mantenimiento	220	50	110	40	290	290
Lanzamiento	200	0	200	200	200	200
Periodo	420	50	310	240	490	490
TOTAL	**2.000 euros**					

$$S_t = S_{t-1} + R_t - D_t$$

2. Periodo constante (Lote económico aproximación por intervalo).

$$T = \frac{Q}{D} = \frac{400 \text{ unidades}}{20000 \dfrac{\text{unidades}}{\text{año}} \times \dfrac{1}{50} \dfrac{\text{año}}{\text{semanas}}} = 1 \text{ semana}$$

Periodo	1	2	3	4	5	6
Demanda	180	170	340	470	150	400
Recepciones	180	170	340	470	150	400
Stock Final	0	0	0	0	0	0
COSTES						
Mantenimiento	0	0	0	0	0	0
Lanzamiento	200	200	200	200	200	200
Periodo	200	200	200	200	200	200
TOTAL	1.200 euros					

La técnica del periodo constante resulta más económica.

Ejercicio 14

Una empresa dedicada a la fabricación de naves interestelares ha efectuado la previsión de demanda para su producto estrella (la nave de los sueños) para los próximos seis meses en horas, resultando:

Mes					
1	2	3	4	5	6
350	600	700	500	200	350

El coste de lanzamiento para la línea de vehículos espaciales, donde se ensamblan las naves de los sueños es de 5.000 euros. El coste de mantenimiento de la producción realizada en una hora asciende a 10 euros por periodo. La política de personal de la empresa impide la contratación y despido de la mano de obra así como las horas extras, es por ello que el director de producción le ha encargado que lleve a cabo la planificación agregada de la producción mediante una sencilla gestión de inventarios aplicando el método denominado equilibrado de costes o *lot period*.

Solución:

$$CL = CM$$

$$5.000 \text{ euros} = 10 \frac{\text{euros}}{\text{unidad y periodo}} \text{ X unidades y periodo}$$

$$X = \frac{5.000}{10} = 500 \text{ unidades y periodo}$$

J	D_j	$(j-1) \cdot D_j$	$\Sigma (j-1) \cdot D_j$
1	350	0	0
2	600	600	600

500 se aproxima más a 600 que a 0 $\Rightarrow$ debe fabricar la demanda de los dos periodos.

J	D_j	$(j-1) \cdot D_j$	$\Sigma (j-1) \cdot D_j$
1	700	0	0
2	500	500	500

500 se aproxima más a 500 que a 0 $\Rightarrow$ debe fabricar la demanda de los dos periodos.

J	D_j	$(j-1) \cdot D_j$	$\Sigma (j-1) \cdot D_j$
1	200	0	0
2	350	350	350

500 se aproxima más a 350 que a 0 $\Rightarrow$ debe fabricar la demanda de los dos periodos.

Periodo	1	2	3	4	5	6
Demanda	350	600	700	500	200	350
PHN	950	0	1.200	0	550	0
Stock Final	600	0	500	0	350	0
COSTES						
Lanzamiento	5.000	0	5.000	0	5.000	0
Mantenimiento	6.000	0	5.000	0	3.500	0
Periodo	11.000	0	10.000	0	8.500	0
COSTE TOTAL = 29.500 euros						

Capítulo 6:

Planificación de la producción

Ejercicio 1

Una empresa dedicada a la fabricación de automóviles, ha instalado tres líneas de producción con objeto de abaratar los costes de cambio de las series. La primera línea está especializada en turismos, la segunda en todo terrenos 4x4, y la tercera se destina a la fabricación de furgonetas. De turismos fabrican dos modelos, el de lujo (TL) y el normal (TN). El turismo de lujo lleva incorporado el aire acondicionado, mientras que en el turismo normal y en el todo terreno el aire acondicionado es opcional, pudiendo pues adquirirse con (CAA) o sin (SAA) aire acondicionado. Las furgonetas no incorporan la posibilidad de llevar aire acondicionado.

El tiempo necesario para el ensamblado de una unidad se refleja en la columna minutos montaje de la tabla. Se desea que el inventario al final del horizonte de planificación sea el mismo que el inicial. Teniendo en cuenta que se desea mantener un inventario de seguridad al final de cada trimestre igual a la demanda prevista para el trimestre siguiente, determine las necesidades netas de cada línea de fabricación.

La tabla siguiente recoge la demanda trimestral en unidades.

Producto	Demanda trimestre				Stock inicial	Minutos montaje
	1	2	3	4		
Turismo TL	400	300	300	250	350	60
Turismo TN - SAA	700	600	850	700	500	40
Turismo TN - CAA	500	450	400	500	400	50
4x4 SAA	60	50	80	40	50	70
4x4 CAA	100	150	250	150	100	80
Furgoneta	40	30	25	30	20	90

Solución:

TURISMOS TL				
Trimestre	1	2	3	4
N. Brutas	400	300	300	250
Stock inicial	350	300	300	250
Stock final	300	300	250	350
N. Netas	350	300	250	350
Minutos	21.000	18.000	15.000	21.000

$$NN_t = NB_t + SF_t - SI_t$$

TURISMOS TN - SAA				
Trimestre	1	2	3	4
N. Brutas	700	600	850	700
Stock inicial	500	600	850	700
Stock final	600	850	700	500
N. Netas	800	850	700	500
Minutos	32.000	34.000	28.000	20.000

$$NN_t = NB_t + SF_t - SI_t$$

TURISMOS TN - CAA				
Trimestre	1	2	3	4
N. Brutas	500	450	400	500
Stock inicial	400	450	400	500
Stock final	450	400	500	400
N. Netas	550	400	500	400
Minutos	27.500	20.000	25.000	20.000

$$NN_t = NB_t + SF_t - SI_t$$

FAMILIA de TURISMOS TN				
Trimestre	1	2	3	4
Turismos TN - SAA	32.000	34.000	28.000	20.000
Turismos TN - CAA	27.500	20.000	25.000	20.000
TOTAL Minutos	59.500	54.000	53.000	40.000

LÍNEA de TURISMOS				
Trimestre	1	2	3	4
Turismos TL	21.000	18.000	15.000	21.000
Turismos TN	59.500	54.000	53.000	40.000
TOTAL Minutos	80.500	72.000	68.000	61.000

4 x 4 - SAA				
Trimestre	1	2	3	4
N. Brutas	60	50	80	40
Stock inicial	50	50	80	40
Stock final	50	80	40	50
N. Netas	60	80	40	50
Minutos	4.200	5.600	2.800	3.500

$$NN_t = NB_t + SF_t - SI_t$$

4 x 4 - CAA				
Trimestre	1	2	3	4
N. Brutas	100	150	250	150
Stock inicial	100	150	250	150
Stock final	150	250	150	100
N. Netas	150	250	150	100
Minutos	12.000	20.000	12.000	8.000

$$NN_t = NB_t + SF_t - SI_t$$

LÍNEA de 4 x 4				
Trimestre	1	2	3	4
4 x 4 - SAA	4.200	5.600	2.800	3.500
4 x 4 - CAA	12.000	20.000	12.000	8.000
TOTAL Minutos	16.200	25.600	14.800	11.500

LÍNEA de FURGONETAS				
Trimestre	1	2	3	4
N. Brutas	40	30	25	30
Stock inicial	20	30	25	30
Stock final	30	25	30	20
N. Netas	50	25	30	20
Minutos	4.500	2.250	2.700	1.800

$$NN_t = NB_t + SF_t - SI_t$$

Trimestre	1	2	3	4
Línea de Turismos	80.500	72.000	68.000	61.000
Línea de 4 x 4	16.200	25.600	14.800	11.500
Línea de Furgonetas	4.500	2.250	2.700	1.800

Ejercicio 2

La tabla siguiente recoge las necesidades netas en minutos para los próximos cuatro trimestres de cada una de las líneas de producción de una empresa fabricante de automóviles.

Trimestre	1	2	3	4
Línea de Turismos	80.500	72.000	68.000	61.000
Línea de 4 x 4	16.200	25.600	14.800	11.500
Línea de Furgonetas	4.500	2.250	2.700	1.800

Como medida precautoria nunca se fabrican cantidades superiores a la demanda de cuatro meses. Se desea que el inventario al final del horizonte de planificación sea el mismo que el inicial, siendo el inventario inicial en minutos el que muestra la tabla adjunta.

Línea de Turismos	61.000
Línea de 4 x 4	11.500
Línea de Furgonetas	1.800

En la empresa trabajan 3 trabajadores a un solo turno de 8 horas diarias 5 días por semana (Suponga meses de 4 semanas). El salario mensual de cada trabajador es de 1.400 euros. La mano de obra es totalmente flexible, se contrata y despide en función de las ventas. El coste de contratación y el de despido es nulo dado que se trabaja siempre personal temporal formado por la propia empresa. El coste de mantenimiento de una unidad en el inventario se estima en 1 euro minuto y trimestre. Existe la posibilidad de que cada trabajador haga un máximo de 1 hora extraordinaria al día, pagándose las horas extras el doble que las normales. Formule un programa lineal que permita determinar el plan maestro de producción de cada una de las líneas.

Solución:

	Línea	DEMANDA				
		1	**2**	**3**	**4**	**Total**
1	Turismos	80.500	72.000	68.000	61.000	281.500
2	4 x 4	16.200	25.600	14.800	11.500	68.100
3	Furgonetas	4.500	2.250	2.700	1.800	11.250

$$\text{Demanda Total} = \sum_{i=1}^{4} D_i$$

	Línea	DEMANDA		
		Total	**Promedio Mensual**	**4 Meses**
1	Turismos	281.500	23.458	93.833
2	4 x 4	68.100	5.675	22.700
3	Furgonetas	11.250	937	3.748

Demanda Promedio Mensual = Demanda Total/12

Demanda 4 Meses = Demanda Promedio Mensual × 4

8 horas día x 5 días semana x 4 semanas mes = 160 horas mes.

160 horas mes x 60 minutos hora = 9.600 minutos mes.

1 HE día x 5 días semana x 4 semanas mes = 20 HE mes.

Donde HE son las horas extras realizadas por un trabajador.

20 HE mes x 60 minutos hora = 1.200 minutos mes.

Coste horario = 1.400 euros / 160 horas mes = 8,75 euros hora

Coste hora extra = 8,75 x 2 = 17,50 euros hora

17,50 euros hora / 60 minutos hora = 0,2916 euros minuto

$$\text{Min } \sum_{t=0}^{3} \left\{ 1400 \cdot W_{t+1} + 0 \cdot C_{t+1} + 0 \cdot DE_{t+1} + 1 \cdot S_{i,\,t+1} + 0,2916 \cdot PHE_{i,\,t+1} \right\}$$

$$W_{t+1} = W_t + C_{t+1} - DE_{t+1} \qquad\qquad t = 0 \ldots 3$$

$$S_{i,\,t+1} = S_{i,\,t} + P_{i,\,t+1} - D_{i,\,t+1} \qquad i = 1 \ldots 3 \qquad t = 0 \ldots 3$$

$$P_{i,\,t+1} = PHN_{i,\,t+1} + PHE_{i,\,t+1} \qquad i = 1 \ldots 3 \qquad t = 0 \ldots 3$$

$$\sum_{i=1}^{3} PHN_{i,\,t+1} = 9.600\ W_{t+1} \qquad\qquad t = 0 \ldots 3$$

$$\sum_{i=1}^{3} PHE_{i,\,t+1} \leq 1.200 \cdot W_{t+1} \qquad\qquad t = 0 \ldots 3$$

$$P_{1,\,t+1} \leq 93.833 \qquad\qquad t = 0 \ldots 3$$

$$P_{2,\,t+1} \leq 22.700 \qquad\qquad t = 0 \ldots 3$$

$$P_{3,\,t+1} \leq 3.748 \qquad\qquad t = 0 \ldots 3$$

$$S_{i,\,0} = 0 \qquad\qquad i = 1 \ldots 3$$

$$W_0 = 3$$

$$S_{1,4} = 61.000$$

$$S_{2,4} = 11.500$$

$$S_{3,4} = 1.800$$

$$W_{t+1}, C_{t+1}, DE_{t+1}, S_{i,t+1}, P_{i,t+1}, PHN_{i,t+1}, PHE_{i,t+1} \geq 0$$

Donde W es el número de trabajadores, C el número de trabajadores contratados a principio del periodo, DE el número de trabajadores despedidos a principio del periodo, S el inventario al final del periodo, P la producción total, PHN la producción en horas normales, PHE la producción en horas extras, t el periodo, i la línea de producción (1 = turismos, 2 = 4 x 4, 3 = furgonetas).

Ejercicio 3

Suponga que el plan maestro de producción para el primer trimestre a nivel de línea es el que recoge la tabla.

Línea	
Turismos	160.000
4x4	50.000
Furgonetas	10.000

El coste unitario de lanzamiento de los turismos de lujo asciende a 500.000 euros, mientras que el de los turismos estándar es de 200.000 euros. Se desea mantener un inventario de seguridad igual a la demanda del próximo trimestre.

Demanda trimestral en minutos				
Trimestre	1	2	3	4
Turismos TL	21.000	18.000	15.000	21.000
Turismos TN	59.500	54.000	53.000	40.000

La capacidad de almacenaje no está limitada dado que se dispone de varios solares propiedad de la empresa ubicados al lado de la planta de producción, lo que facilita el almacenaje de los vehículos fabricados. Determine la cantidad a fabricar de cada familia de turismos.

Solución:

	Turismo TL	Turismo TN
Demanda	21.000	59.500
Coste lanzamiento	500.000	200.000
$\alpha_i = \sqrt{c_{l_i} \cdot D_i} \Big/ \sum \sqrt{c_{l_i} \cdot D_i}$	0,48435972	0,51564028
$x_i = P_{turismos} \times \alpha_i$	77.498	82.502
Límite inferior $D_i + SS_i$	39.000	113.500
Limite superior	∞	∞

El número de unidades a fabricar de la familia de turismos de lujo 77.498 unidades está dentro de los límites.

$$39.000 < 77.498 < \infty$$

Por el contrario, el número de unidades a fabricar de la familia de turismos normales 82.502 unidades está fuera de los límites.

$$113.500 < X < \infty$$

De donde la cantidad a producir de turismos normales será su límite inferior 113.500 unidades, siendo la producción restante 160.000 − 113.500 = 46.500 unidades, que en este caso se corresponderá con el número de unidades a producir de turismos de lujo.

Ejercicio 4

La tabla siguiente recoge las necesidades netas en minutos para los próximos cuatro trimestres de cada una de las líneas de producción de una empresa fabricante de automóviles.

Trimestre	1	2	3	4
Línea de Turismos	80.500	72.000	68.000	61.000
Línea de 4 x 4	16.200	25.600	14.800	11.500
Línea de Furgonetas	4.500	2.250	2.700	1.800

La empresa trabaja 8 horas diarias 5 días por semana (Suponga meses de 4 semanas). El salario mensual de cada trabajador es de 1.400 euros. El coste de mantenimiento de una unidad en el inventario se estima en 1 euro minuto y trimestre. Existe la posibilidad de que cada trabajador haga un máximo de 1 hora extraordinaria al día, pagándose las horas extras el doble que las normales. Halle un plan de producción que permita satisfacer la demanda de los cuatro trimestres basándose en una estrategia intuitiva de ajustar la producción a la demanda mediante el desplazamiento de capacidades de un periodo al siguiente, calcule asimismo el coste de dicho plan.

Solución:

Trimestre	1	2	3	4
Línea de Turismos	80.500	72.000	68.000	61.000
Línea de 4 x 4	16.200	25.600	14.800	11.500
Línea de Furgonetas	4.500	2.250	2.700	1.800
TOTAL	101.200	99.850	85.500	74.300

$$\sum_{i=1}^{4} NN_i = 101.200 + 99.850 + 85.500 + 74.300 = 360.850 \text{ minutos}$$

$$\text{Tiempo extra por día} = \frac{1}{8}\frac{\text{día}}{\text{horas}} \times \frac{1}{1}\frac{\text{hora extra}}{\text{día}} \times 100 = 12,50 \text{ \% del tiempo}$$

$$160\frac{\text{horas}}{\text{trabajador} \cdot \text{mes}} \times n \text{ trabajadores} \times 12 \text{ meses} \times 1,125 = 360.850 \text{ minutos} \times \frac{1}{60}\frac{\text{hora}}{\text{minutos}}$$

$$n = 3 \text{ trabajadores}$$

Trimestre	1	2	3	4
N. Netas (minutos)	101.200	99.850	85.500	74.300
Mano de Obra	3	3	3	3
PHN	86.400	86.400	86.400	86.400
PHE	10.800	10.800	10.800	10.800
Stock final trimestre	- 4.000	- 6.650	5.050	27.950
COSTE				
Mano de Obra	12.600	12.600	12.600	12.600
Horas extras	3.150	3.150	3.150	3.150
Manten. inventario	0	0	5.050	27.950
Periodo	15.750	15.750	20.800	43.700
COSTE TOTAL	96.000 euros			

$$PHN_t = 160 \frac{horas}{trabajador \cdot mes} \times \frac{60}{1} \frac{minutos}{hora} \times 3\ trabajadores \times \frac{3}{1} \frac{meses}{trimestre} = 86.400 \frac{minutos}{trimestre}$$

$$PHE_t = PHN_t \times 12{,}50\ \% = 86.400 \frac{minutos}{trimestre} \times 12{,}50\ \% = 10.800 \frac{minutos}{trimestre}$$

$$S_t = S_{t-1} + PHN_t + PHE_t - NN_t$$

$$Coste\ Mano\ Obra_t = 1.400 \frac{euros}{trabajador \cdot mes} \times 3\ trabajadores \times \frac{3}{1} \frac{meses}{trimestre} = 12.600 \frac{euros}{trimestre}$$

$$Coste\ Horas\ extras_t = Coste\ Horas\ normales_t \times 12{,}50\ \% \times 2$$

$$Coste\ Horas\ extras_t = 12.600 \frac{euros}{trimestre} \times 12{,}50\ \% \times 2 = 3.150 \frac{euros}{trimestre}$$

Este plan de producción obliga a retrasar los pedidos del primer y segundo trimestres debido a las limitaciones impuestas por la empresa, limitación de horas extraordinarias, imposibilidad de contratar, despedir y subcontratar.

Ejercicio 5

La demanda para los próximos siete meses de un producto fabricado por una empresa viene dada en la tabla.

Mes	1	2	3	4	5	6	7
Demanda	110	100	90	90	100	110	100

La capacidad mensual de producción de la planta es de 100. Los costes de producción ascienden a 20 euros por unidad y los costes de mantenimiento en inventario a 1 euros por unidad y mes. El inventario inicial es de 40 unidades, que se desea se mantengan al final de los siete meses. Calcule el plan óptimo de producción y determine su coste.

Solución:

Mes	0	1	2	3	4	5	6	7
N. Brutas		110	100	90	90	100	110	100
Stock final	40	0	0	0	0	0	0	40
N. Netas		70	100	90	90	100	110	140

$$NN_t = NB_t - SF_{t-1} + SF_t$$

i	1	2	3	4	5	6	7
D_i	70	100	90	90	100	110	140
HN1 100	20 70	21	22	23	24	25	26 30
HN2 100		20 100	21 ——	22 ——	23 ——	24 ——	25 ——
HN3 100			20 90	21	22	23	24 10
HN4 100				20 90	21	22 10	23 ——
HN5 100					20 100	21 ——	22 ——
HN6 100						20 100	21 ——
HN7 100							20 100

Coste = (70 x 20) + (100 x 20) + (90 x 20) + (90 x 20) + (100 x 20) + (100 x 20) + (10 x 22) + (100 x 20) + (10 x 24) + (30 x 26) = 14.240 euros

132

Ejercicio 6

La demanda agregada en unidades prevista por una empresa para los próximos seis meses se muestra en la tabla.

Mes	1	2	3	4	5	6
Demanda	2000	1000	3000	4000	5000	6000

En la empresa trabajan 12 trabajadores, cada uno de los cuales puede producir 200 unidades al mes. A continuación se recogen los costes de la empresa.

Coste unitario de producción	5 euros / unidad
Coste unitario de contratación	500 euros / trabajador
Coste unitario de despido	900 euros / trabajador
Coste unitario de hora extra	15 euros / hora extra
Coste unitario de subcontratación	30 euros / unidad
Coste unitario de almacenamiento	1 euro / unidad y mes
Coste unitario de rotura	6 euros / unidad

La política de horas extraordinarias de la empresa impide la realización de más de 10 horas al mes por trabajador. La empresa trabaja 5 días por semana a lo largo de 8 horas diarias. A efectos de planificación suponga meses de 4 semanas. Determine cuál de los siguientes planes de producción, propuestos por el director de producción de la empresa, minimiza el coste.

1. Adapte la producción a la demanda contratando trabajadores temporales cuando se requiera.

2. Mantenga un ritmo de producción constante igual a la demanda mensual media y ajuste la producción a la demanda desplazando capacidades mediante el inventario. Los ajustes de mano de obra debe realizarlos antes de iniciar el primer mes.

3. **Utilice horas extraordinarias y subcontrate con el objetivo de ajustar la producción a la demanda.**

Solución:

PLAN 1 – CONTRATAR Y DESPEDIR

Mes	1	2	3	4	5	6
N. Netas	2000	1000	3000	4000	5000	6000
PHN	2000	1000	3000	4000	5000	6000
Mano obra	10	5	15	20	25	30
Contratar	0	0	10	5	5	5
Despedir	2	5	0	0	0	0
Stock Final	0	0	0	0	0	0
COSTES						
Nómina	10000	5000	15000	20000	25000	30000
Contratación	0	0	5000	2500	2500	2500
Despido	1800	4500	0	0	0	0
PERIODO	11800	9500	20000	22500	27500	32500
COSTE TOTAL = 123.800 euros						

$$PHN_t = NN_t \qquad\qquad MO_t = \frac{PHN_t}{200}$$

$$Coste\ No\min a_t = PHN_t \times 5 \frac{euros}{unidad}$$

$$Coste\ Contratación_t = C_t \times 500 \frac{euros}{trabajador\ contratado}$$

$$Coste\ Despido_t = DE_t \times 900 \frac{euros}{trabajador\ despedido}$$

PLAN 2 – PRODUCIR DEMANDA MENSUAL MEDIA

$$\overline{D} = \frac{\sum_{t=1}^{6} D_t}{6} = \frac{21.000}{6} = 3.500 \, \frac{unidades}{mes}$$

Mes	1	2	3	4	5	6
N. Netas	2000	1000	3000	4000	5000	6000
D. media	3500	3500	3500	3500	3500	3500
Mano obra	18	18	18	18	18	18
PHN	3600	3600	3600	3600	3600	3600
Contratar	6	0	0	0	0	0
Stock Final	1600	4200	4800	4400	3000	600
COSTES						
Nómina	18000	18000	18000	18000	18000	18000
Contratación	3000	0	0	0	0	0
Inventario	1600	4200	4800	4400	3000	600
PERIODO	22600	22200	22800	22400	21000	18600
COSTE TOTAL = 129.600 euros						

$$MO_t = \frac{\overline{D}}{200} = \frac{3.500}{200} = 18 \; trabajadores$$

$$PHN_t = 18 \; trabajadores \times 200 \, \frac{unidades}{trabajador \cdot mes} = 3.600 \, \frac{unidades}{mes}$$

$$C_t = MO_1 - MO_0 = 18 - 12 = 6 \; trabajadores$$

$$S_t = S_{t-1} + PHN_t - NN_t$$

$$Coste\,No\min a_t = PHN_t \times 5 \, \frac{euros}{unidad} = 3600 \times 5 = 18.000 \, \frac{euros}{mes}$$

$$Coste\,Contratación_t = C_t \times 500 \, \frac{euros}{trabajador \; contratado}$$

$$Coste\,Inventario_t = S_t \times 1 \, \frac{euros}{unidad \cdot mes}$$

PLAN 3 – HORAS EXTRAS y SUBCONTRATACIÓN

Mes	1	2	3	4	5	6
N. Netas	2000	1000	3000	4000	5000	6000
Mano obra	12	12	12	12	12	12
PHN	2400	2400	2400	2400	2400	2400
NHE	120	120	120	120	120	120
PHE	150	150	150	150	150	150
Subcontratar	0	0	0	0	2250	3450
Stock Final	550	2100	1650	200	0	0
COSTES						
Nómina	12000	12000	12000	12000	12000	12000
Horas Extras	1800	1800	1800	1800	1800	1800
Subcontratar	0	0	0	0	67500	103500
Inventario	550	2100	1650	200	0	0
PERIODO	14350	15900	15450	14000	81300	117300
COSTE TOTAL = 258.300 euros						

$$PHN_t = 12 \text{ trabajadores} \times 200 \frac{\text{unidades}}{\text{trabajador} \cdot \text{mes}} = 2.400 \frac{\text{unidades}}{\text{mes}}$$

$$\text{Producción horaria} = \frac{200 \text{ unidades/trabajador} \cdot \text{mes}}{160 \text{ horas/trabajador} \cdot \text{mes}} = 1{,}25 \frac{\text{unidades}}{\text{hora}}$$

$$NHE_t = 12 \text{ trabajadores} \times 10 \frac{HE}{\text{trabajador} \cdot \text{mes}} = 120 \frac{HE}{\text{mes}}$$

$$PHE_t = 120 \frac{HE}{\text{mes}} \times 1{,}25 \frac{\text{unidades}}{HE} = 150 \frac{\text{unidades}}{\text{mes}}$$

$$\text{Subcontratar}_t = \text{Máx}\{NN_t - S_{t-1} - PHN_t - PHE_t;\ 0\}$$

$$S_t = S_{t-1} + PHN_t + PHE_t + \text{Subcontratar}_t - NN_t$$

$$\text{Coste No min a}_t = \text{PHN}_t \times 5 \frac{\text{euros}}{\text{unidad}} = 2400 \times 5 = 12.000 \text{ euros}$$

$$\text{Coste HE}_t = \text{NHE}_t \times 15 \frac{\text{euros}}{\text{HE}} = 120 \times 15 = 1.800 \text{ euros}$$

$$\text{Coste Subcontratar}_t = \text{Subcontrata}_t \times 30 \frac{\text{euros}}{\text{unidad}}$$

$$\text{Coste Inventario}_t = S_t \times 1 \frac{\text{euros}}{\text{unidad} \cdot \text{mes}}$$

El plan de producción que minimiza el coste es el Plan 1 consistente en adaptar la producción a la demanda contratando trabajadores temporales cuando se requiere.

Ejercicio 7

La demanda para los próximos siete meses de un producto fabricado por una empresa viene dada en la tabla.

Mes	1	2	3	4	5	6	7
Demanda	100	100	90	90	100	110	100

La capacidad mensual de producción de la planta es de 160. Los costes de producción ascienden a 20 euros por unidad los dos primeros meses, 30 euros por unidad los dos meses siguientes y 20 euros por unidad los restantes tres meses. El coste unitario de mantenimiento en inventario es de 1 euro por mes. El inventario inicial es de 40 unidades. Se desea mantener un inventario de seguridad al final de cada mes que permita satisfacer la demanda del mes siguiente, y que como mínimo debe ser de 100 unidades. Calcule el plan óptimo de producción y determine su coste.

Solución:

i	1	2	3	4	5	6	7
D_i	60	100	90	90	100	110	100
HN1 160	20 60	21 100	22 ——	23 ——	24 ——	25 ——	26 ——
HN2 160		20	21 90	22 70	23 ——	24 ——	25 ——
HN3 160			30	31 20	32	33	34
HN4 160				30	31 100	32	33
HN5 160					20	21 110	22
HN6 160						20	21 100
HN7 160							20

Coste = (60 x 20) + (100 x 21) + (90 x 21) + (70 x 22) + (20 x 31) + (100 x 31) + (110 x 21) + (100 x 21) = 14.860 euros

Ejercicio 8

La demanda en unidades a nivel de línea de productos de una empresa para los próximos cinco meses se recoge en la tabla.

Mes	1	2	3	4	5
Demanda	80	80	90	100	80

La productividad es de 10 unidades por trabajador y mes. Sólo pueden hacerse horas extras como máximo dos meses, sin sobrepasar el 30 % del tiempo normal. Los costes de contratación y despido alcanzan los 300 y 600 euros respectivamente, siendo el salario mensual de los trabajadores de 1.000 euros, el coste de producción unitario 10 euros, la tasa de interés del 10 % anual y las horas extras 50 % más caras que las horas normales. Sabiendo que las existencias iniciales son de 30 unidades y que el número máximo de unidades que pueden almacenarse en la empresa es de 20, halle un plan de producción para dicha empresa, que permita satisfacer la demanda de los cinco meses, basándose en una estrategia intuitiva de ajustar la producción a la demanda mediante la utilización de horas extraordinarias y calcule el coste de dicho plan.

Solución:

$$\sum_{i=1}^{4} NB_i = 80 + 80 + 90 + 100 + 80 = 430 \text{ unidades}$$

$$\sum_{i=1}^{4} NN_i = \sum_{i=1}^{4} NB_i - S_0 = 430 - 38 = 392 \text{ unidades}$$

$$\left(10 \frac{\text{unidades}}{\text{trabaj.} \cdot \text{mes}} \times n \text{ trabaj.} \times 3 \text{ meses}\right) + \left(10 \frac{\text{unidades}}{\text{trabaj.} \cdot \text{mes}} \times n \text{ trabaj.} \times 2 \text{ meses} \times 1,30\right) = 392 \text{ unidades}$$

$$n = 7 \text{ trabajadores}$$

Mes	0	1	2	3	4	5
N. Netas		80	80	90	100	80
Mano obra		7	7	7	7	7
PHN		70	70	70	70	70
PHE		0	8	21	21	0
Stock final	30	20	18	19	10	0
COSTES						
Nómina		7000	7000	7000	7000	7000
HE		0	1200	3150	3150	0
Inventario		20	18	19	10	0
PERIODO		7020	8218	10169	10160	7000
COSTE TOTAL = 42.567 euros						

$$\text{PHN}_t = 10 \frac{\text{unidades}}{\text{trabajador} \cdot \text{mes}} \times 7 \text{ trabajadores} = 70 \frac{\text{unidades}}{\text{mes}}$$

$$\text{Máxima PHE}_t = \text{PHN}_t \times 30\,\% = 70 \frac{\text{unidades}}{\text{mes}} \times 30\,\% = 21 \frac{\text{unidades}}{\text{mes}}$$

$$S_t = S_{t-1} + \text{PHN}_t + \text{PHE}_t - \text{NN}_t$$

$$\text{Coste Mano Obra}_t = 1.000 \frac{\text{euros}}{\text{trabajador} \cdot \text{mes}} \times 7 \text{ trabajadores} = 7.000 \frac{\text{euros}}{\text{mes}}$$

$$\text{Coste Horas extras}_t = \text{Coste Horas normales}_t \times 30\,\% \times 1{,}50 \qquad t = 3, 4$$

$$\text{Coste Horas extras}_2 = \text{Coste Horas normales}_t \times \frac{8}{70} \times 1{,}50$$

$$\text{Coste Horas extras}_t = 7.000 \frac{\text{euros}}{\text{trimestre}} \times 30\,\% \times 1{,}5 = 3.150 \frac{\text{euros}}{\text{mes}} \qquad t = 3, 4$$

$$\text{Coste Horas extras}_2 = 7.000 \frac{\text{euros}}{\text{trimestre}} \times \frac{8}{70} \times 1{,}50 = 1.200 \frac{\text{euros}}{\text{mes}}$$

$$\text{Coste unitario Inventario}_t = i \times p = 10\,\% \times 10 \frac{\text{euros}}{\text{unidad}} = 1 \frac{\text{euro}}{\text{unidad}}$$

Ejercicio 9

Calcular el coste anual del plan agregado de producción de una empresa cuya demanda se recoge en la tabla.

	Primavera	Verano	Otoño	Invierno
Demanda	6.000	9.000	7.000	6.000

Los datos relativos a los costes de la empresa se muestran en la tabla siguiente.

Coste trimestral mantenimiento inventario	2 euros / unidad
Coste de retraso en la entrega	10 euros / unidad
Coste unitario de contratación	100 euros
Coste unitario de despido	600 euros
Coste de la mano de obra	10 euros / hora
Coste de las horas extraordinarias	50 % más que HN

El inventario inicial es de 1.000 unidades y se cuenta con una plantilla de 50 trabajadores. La empresa tiene previsto contratar trabajadores temporales sólo durante el verano, al tiempo que ha negociado con los representantes sindicales la realización de horas extras sólo en otoño para prevenir roturas de inventarios, como máximo cada trabajador podrá llevar a cabo mensualmente 80 horas extraordinarias. La productividad del trabajador es de 5 horas por unidad, la jornada laboral de 8 horas diarias a lo largo de 60 días laborales cada trimestre.

Solución:

Mes	0	Primavera	Verano	Otoño	Invierno
N. Brutas		6.000	9.000	7.000	6.000
Stock final	1000	0	0	0	0
N. Netas unidades		5.000	9.000	7.000	6.000
N. Netas horas		25.000	45.000	35.000	30.000

$$NN_t = NB_t - S_{t-1}$$

Mes	Primavera	Verano	Otoño	Invierno
N. Netas	25.000	45.000	35.000	30.000
Mano obra	50	50	50	50
Contratar	0	82	0	0
Despedir	0	0	82	0
PHN	24.000	63.360	24.000	24.000
PHE	0	0	0	0
Stock final	- 1.000	17.360	6.360	360
COSTES				
Nómina	240.000	630.360	240.000	240.000
Contratar	0	8.200	0	0
Despido	0	0	49.200	0
Horas extra	0	0	0	0
Inventario	2.000	6.944	2.544	144
PERIODO	242.000	645.504	291.744	240.144
COSTE TOTAL = 1.419.392 euros				

$$\text{HN trabajadas} = 60 \frac{\text{días}}{\text{trabajador} \cdot \text{trimestre}} \times 8 \frac{\text{horas}}{\text{día}} = 480 \frac{\text{horas}}{\text{trabajador} \cdot \text{trimestre}}$$

$$\text{PHN}_t = \text{MO}_t \times 480 \frac{\text{horas}}{\text{trabajador} \cdot \text{trimestre}}$$

$$S_t = S_{t-1} + \text{PHN}_t - \text{NN}_t$$

$$\text{Coste Nomina}_t = \text{PHN}_t \frac{\text{horas}}{\text{trimestre}} \times 10 \frac{\text{euros}}{\text{hora}}$$

$$\text{Coste Contratación}_t = C_t \times 100 \frac{\text{euros}}{\text{trabajador contratado}}$$

$$\text{Coste Despido}_t = \text{DE}_t \times 600 \frac{\text{euros}}{\text{trabajador despedido}}$$

$$\text{Coste Inventario}_t = \begin{cases} S_t \text{ horas} \times \dfrac{1}{5} \dfrac{\text{unidad}}{\text{horas}} \times 2 \dfrac{\text{euro}}{\text{unidad} \cdot \text{trimestre}} & \text{SI } S_t \geq 0 \\[2em] S_t \text{ horas} \times \dfrac{1}{5} \dfrac{\text{unidad}}{\text{horas}} \times 10 \dfrac{\text{euro}}{\text{unidad} \cdot \text{trimestre}} & \text{SI } S_t < 0 \end{cases}$$

Capítulo 7:

Planificación de necesidades de materiales

Ejercicio 1

Del ensamblado de una unidad del producto A y dos del producto B se obtiene una unidad de producto X. Dicho ensamblado requiere tres operaciones que tienen lugar secuencialmente, la primera y la tercera tienen lugar en el centro de trabajo CT1, mientras que la segunda se lleva a cabo en el centro de trabajo CT2. El tiempo de preparación de cada centro de trabajo es de 60 minutos. El tiempo de ejecución en minutos y el factor de aprovechamiento de cada operación se recogen en la tabla.

Operación	1	2	3
Tiempo de ejecución	15	20	10
Factor de aprovechamiento	90 %	95 %	97 %

- El inventario inicial es de 10 unidades de producto X, 20 unidades del componente A y 10 del componente B.

- No se desea mantener ningún inventario de seguridad.

- Existe un pedido programado con anterioridad de 200 unidades del componente B, dicho pedido se recibirá en la primera semana.

- Para el cálculo del lote económico del producto X se utiliza la técnica del equilibrado de costes, mientras que para el producto B se utiliza la metodología de Silver – Meal.

- El coste unitario de lanzamiento es de 5.000 euros y el coste unitario de mantenimiento 10 euros por semana.

- El plazo de fabricación del producto X a partir del A y B es de cero semanas, siendo el plazo de entrega por parte del proveedor de los componentes A y B de una semana.

El plan maestro de producción en unidades del producto X para las próximas cinco semanas se muestra en la tabla siguiente.

Semana	1	2	3	4	5
PMP	70	60	80	70	90

1. Determine el plan de necesidades del componente B.

2. Explicite si conseguirá o no cumplir con el objetivo de satisfacer la demanda e indique porqué.

3. En el caso hipotético de que no pueda cumplir con la demanda explique el motivo por el que le ha fallado su amigo MRP.

4. Calcule el tiempo de carga unitario de cada operación.

5. Calcule el tiempo de carga de una unidad de producto X en cada centro de trabajo.

6. Calcule el tiempo de carga de un lote de producto X en cada centro de trabajo por semana.

Solución:

1. Determine el plan de necesidades del componente B.

Producto	X	Nivel	0	Lote	Lot period	

Semana	0	1	2	3	4	5
N. Brutas		70	60	80	70	90
Recepción		270	0	0	0	90
Stock final	10	210	150	70	0	0
N. Netas		60	60	80	70	90
Lote		270	0	0	0	90
Lanzamiento		270	0	0	0	90

$$NN_t = NB_t - S_{t-1}$$

$$Lanzamiento_t = Lote_t \qquad Recepción_t = Lanzamiento_t$$

$$S_t = S_{t-1} + R_t - NB_t$$

Equilibrado de Costes – Lot period

$$CL = CM$$

$$5.000 \text{ euros} = 10 \, \frac{euros}{unidad \cdot mes} \, X \text{ unidades} \cdot mes$$

$$X = \frac{5.000}{10} = 500 \text{ unidades} \cdot mes$$

J	D_j	$(j-1)\,D_j$	$\Sigma\,(j-1)\,D_j$
1	60	0	0
2	60	60	60
3	80	160	220
4	70	210	430
5	90	360	790

500 se aproxima más a 430 que a 790 $\Rightarrow$ debe fabricar la demanda de los cuatro primeros periodos.

J	D_j	$(j-1)\,D_j$	$\Sigma\,(j-1)\,D_j$
1	90	0	0

Fabricar la demanda del periodo restante.

Producto	B	Nivel	1	Lote	Silver - Meal

Semana	0	1	2	3	4	5
N. Brutas		540	0	0	0	180
Recepción		520	0	0	0	180
Stock final	20	0	0	0	0	0
N. Netas		320	0	0	0	180
Lote		320	0	0	0	180
Lanzamiento	320	0	0	0	180	0

$$NN_t = NB_t - S_{t-1} - R_t$$

$$Lanzamiento_{t-1} = Lote_t \qquad Recepción_t = Lanzamiento_{t-1}$$

$$S_t = S_{t-1} + R_t - NB_t$$

Silver – Meal

$$D_1 = 320 \quad \rightarrow \quad C_1 = \frac{5.000}{1} = 5.000 \text{ euros}$$

$$D_1 + D_2 = 320 + 0 \quad \rightarrow \quad C_2 = \frac{5.000 + 0}{2} = 2.500 \text{ euros}$$

$$D_1 + D_2 + D_3 = 320 + 0 + 0 \rightarrow C_3 = \frac{5.000 + 0 + 0}{3} = 1.666,67 \text{ euros}$$

$$D_1 + D_2 + D_3 + D_4 = 320 + 0 + 0 + 0 \rightarrow C_4 = \frac{5.000 + 0 + 0 + 0}{4} = 1.250 \text{ euros}$$

$$D_1 + D_2 + D_3 + D_4 + D_5 \rightarrow C_5 = \frac{5.000 + 0 + 0 + 0 + (180 \times 10 \times 4)}{5} = 2.440 \text{ euros}$$

El mínimo coste por periodo se alcanza fabricando la demanda de los cuatro primeros periodos.

2. Explicite si conseguirá o no cumplir con el objetivo de satisfacer la demanda e indique porqué.

NO lo conseguirá. Tal y como puede comprobar en la tabla del producto B, era preciso lanzar una orden de compra de 320 unidades de dicho producto la semana pasada (semana 0) para cumplir con el plan maestro de producción del producto X.

3. En el caso hipotético de que no pueda cumplir con la demanda explique el motivo por el que le ha fallado su amigo MRP.

El motivo de que no se pueda cumplir el plan maestro de producción es que el MRP trabaja con capacidad infinita.

4. Calcule el tiempo de carga unitario de cada operación.

Operación	1	2	3
Tiempo de ejecución	15	20	10

$$t_{operación} = t_{ejecución} + \frac{t_{preparación}}{Q}$$

Lotes de 270 piezas

$$t_{O1} = 15 \frac{min\,utos}{pieza} + \frac{60\,min\,utos}{270\,piezas} = 15,22 \frac{min\,utos}{pieza}$$

$$t_{O2} = 20 \frac{min\,utos}{pieza} + \frac{60\,min\,utos}{270\,piezas} = 20,22 \frac{min\,utos}{pieza}$$

$$t_{O3} = 10 \frac{min\,utos}{pieza} + \frac{60\,min\,utos}{270\,piezas} = 10,22 \frac{min\,utos}{pieza}$$

Lotes de 90 piezas

$$t_{O1} = 15 \frac{min\,utos}{pieza} + \frac{60\,min\,utos}{90\,piezas} = 15,66 \frac{min\,utos}{pieza}$$

$$t_{O2} = 20 \frac{min\,utos}{pieza} + \frac{60\,min\,utos}{90\,piezas} = 20,66 \frac{min\,utos}{pieza}$$

$$t_{O3} = 10 \frac{min\,utos}{pieza} + \frac{60\,min\,utos}{90\,piezas} = 10,66 \frac{min\,utos}{pieza}$$

5. Calcule el tiempo de carga de una unidad de producto X en cada centro de trabajo.

Operación	1	2	3
Centro de trabajo	CT1	CT2	CT1
Tiempo de ejecución	15	20	10
Factor de aprovechamiento	90%	95%	97%
Aprovechamiento ruta	82,935%	92,15%	97%

Lotes de 270 piezas

$$CT_1 = \frac{15,22}{0,82935} + 0 + \frac{10,22}{0,97} = 28,8927 \frac{min\,utos}{pieza}$$

$$CT_2 = 0 + \frac{20,22}{0,9215} + 0 = 21,9448 \frac{min\,utos}{pieza}$$

Lotes de 90 piezas

$$CT_1 = \frac{15,66}{0,82935} + 0 + \frac{10,66}{0,97} = 29,8868 \frac{min\,utos}{pieza}$$

$$CT_2 = 0 + \frac{20,66}{0,9215} + 0 = 22,4272 \frac{min\,utos}{pieza}$$

6. Calcule el tiempo de carga de un lote de producto X en cada centro de trabajo por semana.

Lotes de 270 piezas

$$CT_1 = 28{,}89 \frac{minutos}{pieza} \times 270 \text{ piezas} \times 0{,}82935 = 6.469{,}78 \text{ minutos} \quad \rightarrow \quad 107{,}83 \text{ horas}$$

$$CT_2 = 21{,}94 \frac{minutos}{pieza} \times 270 \text{ piezas} \times 0{,}82935 = 4.913{,}97 \text{ minutos} \quad \rightarrow \quad 81{,}90 \text{ horas}$$

Lotes de 90 piezas

$$CT_1 = 29{,}88 \frac{minutos}{pieza} \times 90 \text{ piezas} \times 0{,}82935 = 2.230{,}79 \text{ minutos} \quad \rightarrow \quad 37{,}18 \text{ horas}$$

$$CT_2 = 22{,}42 \frac{minutos}{pieza} \times 90 \text{ piezas} \times 0{,}82935 = 1.673{,}99 \text{ minutos} \quad \rightarrow \quad 27{,}90 \text{ horas}$$

Ejercicio 2

Del ensamblado de diez unidades del producto A y dos del producto B se obtiene una unidad de producto X. El plan maestro de producción en unidades del producto X para las próximas cinco semanas se muestra en la tabla siguiente.

Semana	1	2	3	4	5
PMP	60	70	70	80	90

- El inventario inicial es de 10 unidades de producto X, 20 unidades del componente A y 10 del componente B.

- Se desea mantener un inventario de seguridad para el componente A de 30 unidades semanales, 20 unidades para el B y 10 para el producto X.

- Existe un pedido programado con anterioridad de 200 unidades del componente A, dicho pedido se recibirá en la segunda semana.

- Para el cálculo del lote económico del producto X se utiliza la técnica del equilibrado de costes, mientras que para el producto A se utiliza la metodología de Silver – Meal, y para el producto B la técnica del lote económico aproximación por intervalo.

El coste unitario de lanzamiento y de mantenimiento por semana, así como el plazo de fabricación de cada producto se recoge en la tabla siguiente.

Producto	Coste lanzamiento	Coste mantenimiento	Plazo de fabricación
X	5.000 euros	10 euros	1 semana
A	500 euros	5 euros	1 semana
B	500 euros	5 euros	1 semana

1. Determine el plan de necesidades de materiales.

2. Indique si es o no necesario mantener un inventario de seguridad de los productos A y B. Razone su respuesta.

Solución:

1. Determine el plan de necesidades de materiales.

Producto	X	Nivel	0	Lote	Lot period

Semana	0	1	2	3	4	5
N. Brutas		60	70	70	80	90
Recepción		280	0	0	0	90
Stock final	10	230	160	90	10	10
N. Netas		60	70	70	80	90
Lote		280	0	0	0	90
Lanzamiento	280	0	0	0	90	0

$$NN_t = NB_t + SS_t - S_{t-1}$$

$$Lanzamiento_{t-1} = Lote_t \qquad Recepción_t = Lanzamiento_{t-1}$$

$$S_t = S_{t-1} + R_t - NB_t$$

Equilibrado de Costes – Lot period

$$CL = CM$$

$$5.000\ euros = 10\ \frac{euros}{unidad \cdot mes}\ X\ unidades \cdot mes$$

$$X = \frac{5.000}{10} = 500\ unidades \cdot mes$$

J	D_j	$(j-1)\,D_j$	$\Sigma\,(j-1)\,D_j$
1	60	0	0
2	70	70	70
3	70	140	210
4	80	240	450
5	90	360	810

500 se aproxima más a 450 que a 810 ⇒ debe fabricar la demanda de los cuatro primeros periodos.

J	D_j	$(j-1)\,D_j$	$\Sigma\,(j-1)\,D_j$
1	90	0	0

Fabricar la demanda del periodo restante.

Producto	A	Nivel	1	Lote	Silver - Meal

Semana	- 1	0	1	2	3	4
N. Brutas		2800	0	0	0	900
Recepción		2810	0	200	0	700
Stock final	20	30	30	230	230	30
N. Netas		2810	0	0	0	700
Lote		2810	0	0	0	700
Lanzamiento	2810	0	0	0	700	0

$$NN_t = \text{Máx}\left\{NB_t + SS_t - S_{t-1} - R_t;\quad 0\right\}$$

$$\text{Lanzamiento}_{t-1} = \text{Lote}_t \qquad\qquad \text{Recepción}_t = \text{Lanzamiento}_{t-1}$$

$$S_t = S_{t-1} + R_t - NB_t$$

Silver – Meal

$$D_1 = 2800 \quad \rightarrow \quad C_1 = \frac{500}{1} = 500 \text{ euros}$$

$$D_1 + D_2 = 2800 + 0 \quad \rightarrow \quad C_2 = \frac{500 + 0}{2} = 250 \text{ euros}$$

$$D_1 + D_2 + D_3 = 2800 + 0 + 0 \rightarrow C_3 = \frac{500 + 0 + 0}{3} = 166,66 \text{ euros}$$

$$D_1 + D_2 + D_3 + D_4 = 2800 + 0 + 0 + 0 \rightarrow C_4 = \frac{500 + 0 + 0 + 0}{4} = 125 \text{ euros}$$

$$D_1 + D_2 + D_3 + D_4 + D_5 \rightarrow C_5 = \frac{500 + 0 + 0 + 0 + (700 \times 5 \times 4)}{5} = 2.900 \text{ euros}$$

El mínimo coste por periodo se alcanza fabricando la demanda de los cuatro primeros periodos.

$$D_5 = 700 \quad \rightarrow \quad C_1 = \frac{500}{1} = 500 \text{ euros}$$

Fabricar la demanda del periodo restante.

Producto	B	Nivel	1	Lote	Apro. intervalo

Semana	- 1	0	1	2	3	4
N. Brutas		560	0	0	0	180
Recepción		570	0	0	0	180
Stock final	10	20	20	20	20	20
N. Netas		570	0	0	0	180
Lote		570	0	0	0	180
Lanzamiento	570	0	0	0	180	0

$$NN_t = NB_t + SS_t - S_{t-1}$$

$$\text{Lanzamiento}_{t-1} = \text{Lote}_t \qquad \text{Recepción}_t = \text{Lanzamiento}_{t-1}$$

$$S_t = S_{t-1} + R_t - NB_t$$

Lote económico aproximación por intervalo

$$\overline{D} = \frac{570 + 0 + 0 + 0 + 180}{5} = 150 \, \frac{\text{unidades}}{\text{semana}}$$

$$Q = \sqrt{\frac{2 \times 500 \text{ euros} \times 150 \text{ unidad/semana}}{5 \text{ euros/unidad} \cdot \text{semana}}} = 173,205081 \text{ unidades}$$

$$T = \frac{Q}{\overline{D}} = \frac{173,205081 \text{ unidades}}{150 \text{ unidad/semana}} = 2 \text{ semanas}$$

2. Indique si es o no necesario mantener un inventario de seguridad de los productos A y B. Razone su respuesta.

NO. Sólo debe disponer de inventario de seguridad de los productos de demanda independiente, no de los de demanda dependiente.

Ejercicio 3

El producto A está compuesto por 2 unidades del componente B, 1 unidad del componente C y 1 unidad del componente D. El componente C está compuesto a su vez por 1 unidad de E y 2 de F. El componente D está compuesto por 4 unidades de G y 3 de F. Los datos del inventario se recogen en la tabla.

Artículo	Nivel de inventario	Inventario de seguridad	Tamaño del lote	Tiempo de suministro	Recepciones programadas	
					Cantidad	Semana
A	1.000	0	Lote a lote	1		
B	500	200	Lote a lote	1		
C	2.500	1.500	1.000	2	1.000	2
D	1.000	1.000	Lote a lote	3		
E	800	500	500	1	500	1
F	8.000	5.000	2.000	1		
G	750	75	500	2		

Realice la planificación de necesidades para todos los componentes del producto A, teniendo en cuenta que el PMP indica unas necesidades brutas de 2.000 unidades la tercera semana y 3.000 la quinta semana.

Solución:

Producto	A	Nivel	0	Lote	Lote a lote

Semana	0	1	2	3	4	5
N. Brutas		0	0	2000	0	3000
Recepción		0	0	1000	0	3000
Stock final	1000	1000	1000	0	0	0
N. Netas		0	0	1000	0	3000
Lote		0	0	1000	0	3000
Lanzamiento		0	1000	0	3000	0

$$NN_t = NB_t + SS_t - S_{t-1}$$

$$Lanzamiento_{t-1} = Lote_t \qquad Recepción_t = Lanzamiento_{t-1}$$

$$S_t = S_{t-1} + R_t - NB_t$$

Producto	B	Nivel	1	Lote	Lote a lote

Semana	0	1	2	3	4	5
N. Brutas		0	2000	0	6000	0
Recepción		0	1700	0	6000	0
Stock final	500	500	200	200	200	200
N. Netas		0	1700	0	6000	0
Lote		0	1700	0	6000	0
Lanzamiento		1700	0	6000	0	0

$$NN_t = \text{Máx} \left\{ NB_t + SS_t - S_{t-1} - R_t; \quad 0 \right\}$$

$$\text{Lanzamiento}_{t-1} = \text{Lote}_t \qquad\qquad \text{Re cepción}_t = \text{Lanzamiento}_{t-1}$$

$$S_t = S_{t-1} + R_t - NB_t$$

Producto	C	Nivel	1	Lote	Q = 1.000

Semana	- 1	0	1	2	3	4
N. Brutas			0	1000	0	3000
Recepción			0	1000	0	2000
Stock final	2500	2500	2500	2500	2500	1500
N. Netas			0	0	0	2000
Lote			0	0	0	2000
Lanzamiento			0	2000	0	0

$$NN_t = M\acute{a}x\{NB_t + SS_t - S_{t-1} - R_t; \quad 0\}$$

$$Lanzamiento_{t-2} = Lote_t \qquad Recepci\acute{o}n_t = Lanzamiento_{t-2}$$

$$S_t = S_{t-1} + R_t - NB_t$$

Producto	D	Nivel	1	Lote	Lote a lote

Semana	- 1	0	1	2	3	4
N. Brutas			0	1000	0	3000
Recepción			0	1000	0	3000
Stock final	1000	1000	1000	1000	1000	1000
N. Netas			0	1000	0	3000
Lote			0	1000	0	3000
Lanzamiento	1000		3000	0	0	0

$$NN_t = Máx\{NB_t + SS_t - S_{t-1} - R_t; \quad 0\}$$

$$Lanzamiento_{t-3} = Lote_t \qquad Recepción_t = Lanzamiento_{t-3}$$

$$S_t = S_{t-1} + R_t - NB_t$$

Producto	E	Nivel	2	Lote	Q = 500

Semana	- 1	0	1	2	3	4
N. Brutas			0	2000	0	0
Recepción			500	1500	0	0
Stock final	800	800	1300	800	800	800
N. Netas			0	1200	0	0
Lote			0	1500	0	0
Lanzamiento			1500	0	0	0

$$NN_t = Máx\{NB_t + SS_t - S_{t-1} - R_t; \qquad 0\}$$

$$Lanzamiento_{t-1} = Lote_t \qquad\qquad Re\,cepción_t = Lanzamiento_{t-1}$$

$$S_t = S_{t-1} + R_t - NB_t$$

Producto	F	Nivel	2	Lote	Q = 2.000

Semana	- 2	- 1	0	1	2	3
N. Brutas		3000		9000	4000	0
Recepción				10000	4000	0
Stock final	8000	5000	5000	6000	6000	6000
N. Netas				9000	3000	0
Lote				10000	4000	0
Lanzamiento			10000	4000	0	0

$$NN_t = Máx\{NB_t + SS_t - S_{t-1} - R_t; \quad 0\}$$

$$Lanzamiento_{t-1} = Lote_t \qquad Re\,cepción_t = Lanzamiento_{t-1}$$

$$S_t = S_{t-1} + R_t - NB_t$$

Producto	G	Nivel	2	Lote	Q = 500

Semana	- 3	- 2	- 1	0	1	2
N. Brutas			4000	0	12000	0
Recepción			3500	0	12000	0
Stock final	750	750	250	250	250	250
N. Netas			3325	0	11825	0
Lote			3500	0	12000	0
Lanzamiento	3500	0	12000	0	0	0

$$NN_t = Máx\{NB_t + SS_t - S_{t-1} - R_t; \quad 0\}$$

$$Lanzamiento_{t-2} = Lote_t \qquad Recepción_t = Lanzamiento_{t-2}$$

$$S_t = S_{t-1} + R_t - NB_t$$

Federico Garriga Garzón

Federico Garriga Garzón es Doctor Ingeniero Industrial e Ingeniero Industrial especializado en Organización por la Universidad Politécnica de Cataluña (UPC). En la actualidad es profesor del Departamento de Organización de Empresas de la Escuela Técnica Superior de Ingenierías Industrial y Aeronáutica de Terrassa de la UPC.

www.ingramcontent.com/pod-product-compliance
Lightning Source LLC
Chambersburg PA
CBHW051216200326
41519CB00025B/7137